Barga
Borgo San Lorenzo
Pistoia
Camaiore
Viareggio
Florenz
Lucca
Pisa
Poppi
Empoli
Livorno
Certaldo
San Gimignano
Arezzo
Volterra
Monteriggioni
Colle Val d'Elsa
Cortona
Siena
Montepulciano
Montalcino
Piombino
Portoferraio
Grosseto
Pitigliano
Talamone
Capalbio
Porto Santo Stefano
Orbetello
Giglio
Montecristo

Die Toskana und ihre Städte

Kulturelles Herz Italiens

WHITE STAR VERLAG

INHALT

Text
Chiara Libero

Redaktionelle Leitung
Valeria Manferto De Fabianis

Layout
Patrizia Balocco

Via Candido Sassone, 22–24
13100 Vercelli – Italien
www.whitestar.it

Für die deutsche Ausgabe

www.whitestar-verlag.de

Übersetzung:
Susanne Roedel-DeCrescenzo

Producing:
SAW Communications,
Dr. Sabine A. Werner, Mainz

ISBN 978-3-86726-080-0

1 2 3 4 5 6 13 12 11 10 09 08

Gedruckt in Indonesien
Litho: Fotomec, Turin (Italien)

1 Am Haupteingang des Palazzo della Signoria zieht die bei den Florentinern beliebteste Statue Besucher aus aller Welt an: der „David“ von Michelangelo. Das Original befindet sich in der Galleria dell' Accademia delle Belle Arti.

2–3 Siena erstrahlt im warmen Abendlicht: Von links nach rechts zeigt diese Ansicht die Torre del Mangia, den Dom mit seinem Glockenturm sowie die umgebenden Häuser des historischen Stadtkerns.

4–5 Direkt am Arno in Pisa steht die Kirche Santa Maria della Spina. Der stets von Überschwemmungen bedrohte Bau wurde abgetragen und am Ufer ein Stück nach oben versetzt.

6–7 Der Ponte Vecchio in Florenz ist in der ganzen Welt als Brücke der Goldschmiede bekannt. In den Häuschen auf der Brücke betrieben sie zu Zeiten Cosimos I. ihre Werkstätten.

8–9 Die Zypressen sind charakteristisch für die Landschaft um Siena. Sie stehen entlang den gewundenen Straßen, prägen die Silhouette der Hügel und säumen Wiesen und Äcker. In der Toskana sind sie meist die einzigen hochwachsenden Pflanzen.

10–11 Aus der Vogelperspektive sind die wichtigsten Kunstdenkmäler von Florenz zu erkennen, darunter der Dom mit seiner berühmten Kuppel. Ihre Kunstschätze machen die toskanische Hauptstadt zu einer der berühmtesten Städte der Welt. Der Arno, überspannt von Brücken, fließt mitten durch die Stadt.

12–13 Wie Inseln erheben sich diese zypressenbestandenen Hügel aus dem Morgennebel. Sie charakterisieren die Landschaft in der Nähe von Asciano unweit von Siena.

Einleitung

Wie schwierig ist es doch, über die Toskana zu sprechen. Vor dem geistigen Auge drängen sich die gängigsten Klischees auf, und es scheint unmöglich, auch nur ein einziges Wort zu sagen, das nicht schon vorher von einem Kunsthistoriker, einem Dichter, einem Naturwissenschaftler, einem Anthropologen oder auch von einem einfachen Touristen ausgesprochen wurde. Die Toskana wirkt anziehend wie ein Magnet – es gibt wahrscheinlich keinen einzigen Italiener, der nicht wenigstens einmal in seinem Leben „Ach, wie gerne würde ich doch in Florenz leben!" oder „Wie gerne hätte ich ein hübsches Häuschen im Chianti!" ausgerufen hat. Man erwähnt die „Sieneser Landschaft", und sofort tauchen idyllische, jedoch durch die häufige Verbreitung bereits banalisierte Bilder auf: Endlos lange Straßen winden sich durch saftig grüne, von Weinbergen unterbrochene Wiesen mit märchenhaften Landhäusern aus Stein, Pferden auf der Weide und ab und an einem kleinen Ort mit herzlichen Bauersleuten, die gerade dem Bilderbuch entsprungen zu sein scheinen. Die besten Freunde der Toskana sind jedoch die Fremden: Für sie ist die „Grand Tour" niemals zu Ende. Auf den Spuren von Lord Byron, Charles Dickens, William Wordsworth und Edward Morgan Forster kommen sie heute in Gruppen, die vielleicht weniger kultiviert, dafür aber umso zahlreicher sind und das Ganze nüchterner als ihre Vorbilder betrachten. Sie sehen über die unzähligen Widersprüche hinweg: die verrückten Öffnungszeiten der Museen, die überteuerten Pizzen, die vor dem Palazzo della Signoria serviert werden, und die nicht minder kostspieligen belegten Brötchen, die auf der Piazza del Campo angeboten werden, bis hin zu den ganz und gar schrecklichen Nachbildungen des Turms von Pisa – 100 Prozent Plastik, mit eingebauten Lämpchen. Es ist schließlich unmöglich, nach Hamburg, Minneapolis oder Osaka zurückzukehren und zu sagen, man habe ja noch einen Abstecher in die Toskana machen wollen, aber nach dem Besuch von Rom und Venedig wäre dafür leider keine Zeit mehr geblieben. Für die Italiener hingegen ist die Toskana wie eine wunderschöne und berühmte „Mamma", geliebt und ein wenig unnahbar. Sie verstellt sich nicht, ganz im Gegenteil: Sie ist bereit, sich uns zu zeigen und uns an ihren Vorzügen teilhaben zu lassen, immer in dem Bewusstsein ihrer herausragenden Stellung. Im Gegensatz zu Rom mit seinem imperialen Ruhm, den Lokalitäten des Trastevere, den blauen Limousinen der Minister und den Cinecittà-Filmstudios, und zu Venedig, wo der Massentourismus inzwischen den Zauber zerstört hat, verteidigt Florenz seine Position als Provinzstadt, einerseits offen für Besucher, aber genauso schnell bereit, sich wieder zu verschließen. Florenz ist stolz auf seine ruhmreiche Vergangenheit, auf die kurze Zeit, in der man dem Haus Savoyen als Hauptstadt diente, aber noch zufriedener, die Königin der heitersten Landschaft Italiens zu sein, verewigt in Fotografien, Gemälden und Erzählungen.

15 Massig und leicht zugleich wirkt die Kuppel, mit der Filippo Brunelleschi den Dom Santa Maria del Fiore krönte. Zusammen mit dem Baptisterium und dem Glockenturm bildet der Dom das ideelle Zentrum der Stadt.

16–17 Dieser Ausschnitt stammt aus dem Fresko „La Cavalcata dei Magi", „Der Zug der heiligen drei Könige" von Benozzo Gozzoli aus dem Jahr 1459. Es befindet sich in der Cappella dei Magi im Palazzo Medici-Riccardi in Florenz. Das von Cosimo I. de' Medici in Auftrag gegebene Werk zeigt Porträts der wichtigsten Vertreter seiner einflussreichen Familie.

18–19 Die Monti dell' Uccellina bilden zwei Drittel des Parco Naturale della Maremma: eine unberührte Landschaft, bedeckt mit einem Dickicht aus Bäumen und Büschen. Überreste einiger Wachtürme sind hier die einzigen Spuren des Menschen.

20–21 Die Landschaft um Montepulciano in der Provinz Siena ist geprägt von Feldern, Wäldern und verstreut liegenden Landhäusern.

22–23 Pitigliano in der Maremma ist hoch auf einem Tuffsteinfelsen gelegen. Der Ort ist etruskischen Ursprungs und erlebte seine Glanzzeiten im Mittelalter unter dem Einfluss der Familien Orsini und Aldobrandeschi.

24–25 Die Fahne von Oca, einem der siebzehn Stadtviertel von Siena, die im Juli und August am Palio teilnehmen dürfen, zeigt als Wappentier eine Gans – das ist nicht verwunderlich, denn das Wort „Oca" bedeutet „Gans".

OPVS BENOTII

Steinerne Zeugen der Geschichte

26–27 Vor dem klaren Abendhimmel leuchten der Rathausturm Torre del Mangia und der Dom von Siena, die Symbole weltlicher und kirchlicher Macht.

Zu Beginn des vergangenen Jahrhunderts kam die junge Lucy Honeychurch, Heldin des Romans „Zimmer mit Aussicht", gewappnet mit einem unverzichtbaren Baedeker und ganz konkreten Absichten nach Florenz: Sie wollte ein Zimmer mit Aussicht in der Pension Bertolini, die italienische Kunst aus der Nähe kennenlernen und vielleicht ein Abenteuer erleben – wie genau das aussehen sollte, wusste sie noch nicht. Sie wusste nur eines: An diesem Ort würde sie ihren Durst nach Leben und Schönheit stillen können. Lucy folgte den Fußstapfen Tausender Engländer, Deutscher und Amerikaner auf ihrer „Grand Tour", die zu dieser Zeit zur unerlässlichen Bildung eines jeden jungen Menschen aus gutem Hause gehörte. Aber hat sich denn tatsächlich so viel geändert seitdem? Nicht allzu viel. Die Toskana mit ihren großen und kleinen Kunststädten gehört noch immer zu den obligatorischen Reisezielen. Aus England, Deutschland, Amerika, aber auch aus Japan und der restlichen Welt kommen nach wie vor die Touristen auf ihrer Bildungsreise. Sie sind allerdings schneller, nüchterner und manchmal, aber nicht immer, besser organisiert.

Die erste Etappe ist immer Florenz – für viele Touristen wegen ihres Vorrechts als Hauptstadt oder einfach nur, weil es so am bequemsten ist. Die Züge, die am Bahnhof von Santa Maria Novella ankommen, die Reisebusse, die am Piazzale Michelangelo halten, karren täglich Tausende von Besuchern an, die hungrig nach Florentiner Madonnen und Putten von Luca della Robbia sind. Sie setzen sich der unsäglichen Schwüle des Sommers, den endlosen Fußmärschen und Warteschlangen vor den Museen aus. Es wäre schließlich unmöglich, nach Hause zurückzukehren und gestehen zu müssen, dass man den „Tondo Doni", Michelangelos kreisrunde Darstellung der Heiligen Familie, nicht gesehen hat oder dass man allein beim Anblick der Stufen zum Campanile von Giotto kapitulierte. Alle sind sie mit einem dicken Stapel kunstgeschichtlicher Bücher und Romane ausgerüstet. Es besteht jedoch eine große Gefahr darin, zu sehr mit dem Verstand vorzugehen und dabei Herz und Fantasie zu vernachlässigen. Mit Büchern von John Ruskin, Elizabeth Barrett Browning, Stendhal und Johann Wolfgang von Goethe im Gepäck fällt es schwer, sich vorzustellen, dass dies eine sehr lebendige Stadt ist und nicht ein Stück Vergangenheit, das auf wundersame Weise unbeschadet einen Sprung aus dem Mittelalter und der Renaissance geschafft hat. Die Stadt lebt vom Tourismus, betrachtet ihn aber auch als Zufallsprodukt, das sich ebenso zufällig als lukrativ erwies.

Die letzten Besucher, die wohl mit echtem Jubel und Freude empfangen wurden, waren Jugendliche mit Schlafsack, die im tragischen November 1966 kamen, um die Meisterwerke von Florenz vor den über die Ufer tretenden Fluten des Arno zu retten. Gegen alles Übrige hat die Stadt sich schon immer zu verteidigen gewusst. Die Florentiner sind weit davon entfernt, sich überrollen zu lassen: Sie betrachten die „Drei-Tage-Touristen" mit einer Portion spöttischer Arroganz. Bei genauerer Betrachtung sieht man, dass das historische Florenz von den modernen Florentiner nicht allein als Einnahmequelle gesehen wird, sondern als eine Stadt der Kunst von internationalem Ansehen. Wenn sich die Florentiner früherer Zeiten dem Fortschritt verschlossen hätten, welche Sprache würde man dann heute in Italien sprechen? Welche Meisterwerke könnten wir in den Museen und Pinakotheken bewundern? Welche soziale und politische Entwicklung hätte die Halbinsel genommen? Ohne die Nachfahren Dantes, Giottos und Niccolò Macchiavellis mit zuviel Verantwortung zu belasten, so ist doch nichts so unflorentinisch wie die Vorstellung, dass Kunst, Schönheit und Kreativität nur aus heiliger Ehrfrucht vor der Tradition entstanden seien. Florenz, im Mittelalter die Tochter Roms, mit dem Ruf eines zweiten Athen in der Renaissance, hat sich immer der Rolle der Zweitgeborenen entzogen und ein Jahrhundert später eine vollkommen eigene Sprache erschaffen, die es mit Stolz nach außen getragen hat. In der Tat gehört es zu den Charaktereigenschaften des Florentiners, über die eigenen Grenzen hinauszuschauen.

Das von Julius Cäsars General Fiorinus gegründete Castrum, das die Verbindungsstraßen nach Rom, Lucca, Pisa und Faenza überwachte, war bereits der Grundstein für eine Stadt des Handels und diplomatischer Unternehmungen. Auf ihren Reisen lernten die Florentiner neue Ideen und Waren kennen und verbreiteten zugleich ihre eigenen. Sie verloren jedoch niemals ihre eigene Identität und bewahrten immer den Wunsch, nach Hause zurückzukehren. Verschiedene Chroniken erzählen von einem gewissen Vergnügen an Streit und Raufereien oder zumindest an

28 und 29 Die florentinischen Kunstdenkmäler haben ihren festen Platz im Bewusstsein kulturinteressierter Menschen. Der Palazzo Vecchio, die Domkuppel von Brunelleschi und der Glockenturm von Giotto, ein Gebäudeensemble von unvergleichlicher Harmonie, gehören zum Welterbe der UNESCO.

groben Streichen. Dies haben die Florentiner im Streit mit rivalisierenden toskanischen Städten gelernt. Auch nicht das geringste Gefühl von Unterlegenheit ist zu spüren, nicht einmal gegenüber Rom, der Wiege der Kultur. Der Aufruf, durch den Arnolfo di Cambio 1294 mit dem Bau des Doms anstelle der alten Kirche Santa Reparata beauftragt wurde, zeigt deutlich: Die Republik Florenz wollte ein Gebäude, das in Größe und Herrlichkeit jedes andere Werk übertrumpfen konnte, das in den glanzvollen Epochen Roms und Griechenlands erschaffen worden war. Deutlicher geht es wohl kaum. Auch wenn das Ergebnis nicht ausreichte, um die Erhabenheit des Parthenon zu überragen, ist sicher, dass auch dank späterer Eingriffe Giottos und Filippo Brunelleschis die Schönheit Santa Maria Fiores dem Betrachter den Atem verschlägt.
Dies ist jedoch nicht die einzige Attraktion der Stadt. Wer sich einmal den Spaß machen will, Florenz in seinem ganzen Ausmaß zu besichtigen, der sollte wohl mehr als drei Tage mit vollem Programm dafür einplanen. Drei Wochen? Drei Monate? Sagen wir drei Jahre, das müsste reichen. Es gibt ungefähr siebzig Museen, und jede Kirche ist ein weiteres Museum für sich. Ganz zu schweigen von den Palästen, Brücken und malerischen Sträßchen. Ein Blick auf eine Übersicht der Denkmäler in Florenz genügt, um zu erkennen, um welches Unterfangen es sich handelt. All diese Kostbarkeiten finden sich in einer Stadt, die dennoch weit entfernt ist von der Gefahr, sich in eine Dauerausstellung zu verwandeln.
Folgt man dem Flusslauf des Arno zur Mündung hin, so kommt man nach Pisa, der einst großen, historischen und unglückseligen Feindin der Stadt Florenz, wo man auf eine ähnliche Gesinnung stößt: Die Pisaner besitzen Schätze, auf die man überall in der Welt schaut, aber sie waren in erster Linie große Reisende, Händler und Wissenschaftler. Pisa war Knotenpunkt zweier wichtiger Verbindungsstraßen, die es mit Rom, der Provence und der Ostsee verbanden.
Vor allem verfügte die Stadt über einen der bedeutendsten Häfen für den Schiffsverkehr im Mittelmeer – eine Quelle ungeheuren Reichtums, nicht nur in finanzieller Hinsicht: Allein der Denkmalkomplex der Piazza dei Miracoli mit dem Dom, dem Glockenturm, dem Baptisterium und dem Friedhof würde genügen, um Pisa in alle Ewigkeit einen Ehrenplatz zu sichern.
Heute ist das Tyrrhenische Meer durch eine zehn Kilometer breite Landzunge von der Stadt getrennt. Dennoch liegt in Pisa noch heute ein Hauch des Meersalzes in der Luft, das leider auch den Marmor der Kirchenfassaden zerfressen hat.
Zwischen 1000 und 1300 erlebten sowohl die Stadt selbst als auch die umliegende Region eine Epoche des Fortschritts: Als große Seemacht feierte Pisa seine Siege mit einer Reihe berühmter Denkmäler, und die Bevölkerungszahl stieg auf vierzigtausend Einwohner an. Erst mit der Niederlage in der Seeschlacht gegen die Genueser 1824 bei Meloria begann der Niedergang: Kriege, der Verlust der Unabhängigkeit, Hungersnöte, Überschwemmungen und Epidemien.
In Pisa blieb zumindest die Erinnerung an das Goldene Zeitalter lebendig: Neben der Piazza dei Miracoli, dem „Platz der Wunder", findet sich eine beeindruckende Ansammlung an Palästen, Plätzen und Kirchen, darunter Santa Maria della Spina, ein filigranes, strahlend weißes Schmuckstück im gotischen Stil mit triumphierenden Turmspitzen. Das Gebäude wurde in der zweiten Hälfte des 19. Jahrhunderts Stück für Stück abgetragen und einige Meter weiter oben wieder genauso aufgebaut, um es vor den wiederkehrenden Hochwasserfluten zu schützen. Auf Fialen, wie sie Santa Maria della Spina krönen, trifft man häufig in der pisanischen Architektur.
Der bittere Bedeutungsverlust als Seemacht wurde wenigstens teilweise durch die schon zur damaligen Zeit weltberühmte Universität gemildert. Sie wurde von Papst Clemens VI. in der Bulle von 1343 mit der Bescheinigung „In Supremae dignitatis" als erste öffentliche Hochschule Italiens anerkannt. Die Tradition Pisas als Stadt der Wissenschaft setzte sich mit der Gründung der „Scuola Normale" durch Napoleon 1810 fort. Der Name der Stadt ist bis heute ein Synonym für eine hohe Bildung. Mit Sicherheit besteht einer der heutigen Reichtümer Pisas in den Studenten, die nicht nur aus ganz Italien, sondern aus aller Herren Länder kommen. So ist diese Stadt nach Jahrhunderten noch immer eine junge Stadt, die jeden ohne Vorurteile aufnimmt. Der Ruf einer kosmopolitischen Stadt blieb Pisa erhalten, so wie bereits zu Zeiten Matilde Canossas ein Prälat höchst schockiert sagte: „Die Stadt ist vermischt mit Heiden, Türken, Libyern, Parthern und Chaldäern von dunkler Hautfarbe, die sich

30 Die Marmorfassade des Doms folgt einem Entwurf des Architekten Rainaldo und wurde wohl durch den aus Innsbruck stammenden Meister Wilhelm, genannt Guglielmo, und den Pisaner Biduino vollendet. Über der Portalzone mit ihren Blendarkaden erheben sich vier Geschosse mit Loggien. Bekrönt ist die Fassade von einem Dreiecksgiebel.

31 Der Bau des Glockenturms geht auf das Jahr 1173 zurück und wird Bonanno Pisano zugeschrieben. Das Projekt sah eine deutlich größere Höhe als die heutige von circa 55 m vor, doch das Absinken des Bodens, das zur berühmten Neigung des „Schiefen Turms von Pisa" führte, zwang schon bald zu bescheideneren Dimensionen.

32 unten Das Baptisterium in Pistoia wurde zwischen 1338 und 1359 nach Entwürfen von Andrea Pisano errichtet. Es ist ein eleganter gotischer Bau auf achteckigem Grundriss mit einem Dekor aus weißem und grünem Marmor. Das Bild zeigt die Bögen und das Bogenfeld über einem der drei Portale mit wertvollem Figurenschmuck und geometrischen Motiven.

hier am Strand herumtreiben." Ein großer Zustrom fremder Völker war gleichbedeutend mit großem Erfolg im Handel und der Seefahrt: Je weiter der Horizont, umso reicher die Ausbeute an Ideen.
Heute sind neben den Studierenden noch die Touristen geblieben, die jedoch bei der Berechnung der „Dauergäste" nicht einbezogen werden. Die Pisaner halten, wie auch die Florentiner, ungeniert Abstand demjenigen gegenüber, der zu Unrecht glaubt, in nur wenigen Stunden in ihre Stadt „eindringen" zu können. Weniger Aufsehen erregend, eher zurückhaltend und nur zu ganz bestimmten Anlässen, wie bei dem Brückenspiel „Gioco del Ponte" zeigt sich die Stadt von ihrer quirligen Seite und erinnert sich auch an ihre grausame Vergangenheit. Dann erhitzen sich die Gemüter, und der Kampfgeist aus der Schlacht gegen Amalfi, Genua und Venedig vor acht Jahrhunderten lebt wieder auf.
Eine internationale Aura umgibt auch Siena, das paradoxerweise trotzdem noch am ehesten eine Provinzstadt geblieben ist. Provinziell versteht sich in diesem Fall keinesfalls als abwertend. Es ist eher ein liebevoller Ausdruck für eine Kultur, die wie durch ein Wunder den Versuchungen der Zeit widerstehen konnte – oder zumindest beinahe.
Die Stadt liegt etwas abgeschieden und hat ihre mittelalterliche Schönheit nahezu vollständig behalten. Häufig hat man sich die Frage gestellt, warum die Zeit der Moderne die Mauern der Stadt, scheinbar unbeabsichtigt, nur gestreift hat. Und wie kann es sein, dass gerade hier, zu einem ganz bestimmten historischen Zeitpunkt, begünstigt durch eine Reihe von glücklichen Umständen, eine Malerschule entstanden ist, die sich mindestens vier für die italienische Kunst fundamental wichtiger Meister rühmen kann: Duccio di Buoninsegna, Simone Martini sowie Ambrogio und Pietro Lorenzetti. Eine Erscheinung, die die Kunstwelt des dreizehnten Jahrhunderts bis hin zur Renaissance prägte, und die ihre Erklärung vielleicht in der Eigenart der Sienesen findet. Die über Jahrhunderte gesammelten Beschreibungen dieses Charakters sind endlos und häufig auch widersprüchlich: bizarr, vielseitig, ritterlich, feinfühlig, frei, heldenhaft, fröhlich und theatralisch. Die Florentiner, die sich mit den Sienesen noch nie verstanden haben, sagten mit einem Anflug von Boshaftigkeit, dies sei weniger das Erbe

32–33 Der Glockenturm des Doms von Pistoia – hier eine Detailansicht – zeigt die Stile verschiedener geschichtlicher Epochen. Sein Bau wurde von den Langobarden begonnen, später fand er Verwendung als Stadtturm. Sein heutiges Aussehen erhielt er erst im 16. Jahrhundert.

33 oben Ein eleganter Säulenportikus mit Majolikakassettierungen von Andrea della Robbia ziert den Dom von Pistoia. Er wurde im 5. Jh. erbaut und im 13. Jh. völlig umgestaltet.

33 unten Giovanni Pisano hat in der Kirche Sant' Andrea in Pistoia zwei außerordentlich beeindruckende Werke von besonderem künstlerischem Wert hinterlassen: ein Holzkruzifix und vor allem eine Kanzel mit Reliefs, die das Thema der Erlösung darstellen.

der Römer, denen man die Gründung der Stadt zuschreibt, sondern vielmehr das der barbarischen Germanen oder der unkultivierten Gallier unter ihrem Anführer Brennus. Wie dem auch sei, das Ergebnis ist ein besonders empfindlicher gemeinschaftlicher Stolz, der seinen höchsten Ausdruck in den Feierlichkeiten des Palio delle Contrade, dem traditionellen Pferderennen auf dem Marktplatz von Siena, findet oder in einer Kunst, die Gold und Farben verschwenderisch verwendet, zwischen mystischer Ekstase und stolzer Zelebrierung der ruhmreichen Gemeinschaft, so zum Beispiel im Freskenzyklus „Die Allegorien der guten und der schlechten Regierung" von Ambrogio Lorenzetti. In Siena bedeutete Kunst schon immer den Triumph des Volkes: Der letzte Pinselstrich an der „Maestà", dem Altarbild mit der thronenden Madonna von Duccio di Buoninsegna wurde drei Tage lang mit einem ausgelassenen Volksfest gefeiert. Bis heute scheint es, als sei in Siena der Abstand der von Künstlern geschaffenen Werke zum Leben der Bewohner weniger ausgeprägt als anderswo. Dies liegt vielleicht an den nach wie vor mittelalterlichen Proportionen der Stadt und der im Vergleich dazu großen Dichte an gesammelten Werken begründet. Man könnte sagen, Siena füllt wie eine Schnecke jeden kleinen Raum ihres Hauses aus. Die Stadt lehnt Autos ab, lädt zu Spaziergängen ein und dazu, die Treppen zu San Giovanni emporzusteigen und zu bummeln – ständig umgeben vom Duft der Kräuter und Gewürze, die den Panforte, eine Früchtebrot-Spezialität, verfeinern.

34 oben Eine großzügige Treppe führt hinauf zum Portal des Doms von Arezzo. Das Innere wartet auf mit großartigen Fresken. Höhepunkt ist die Darstellung der Maria Magdalena von Piero della Francesca.

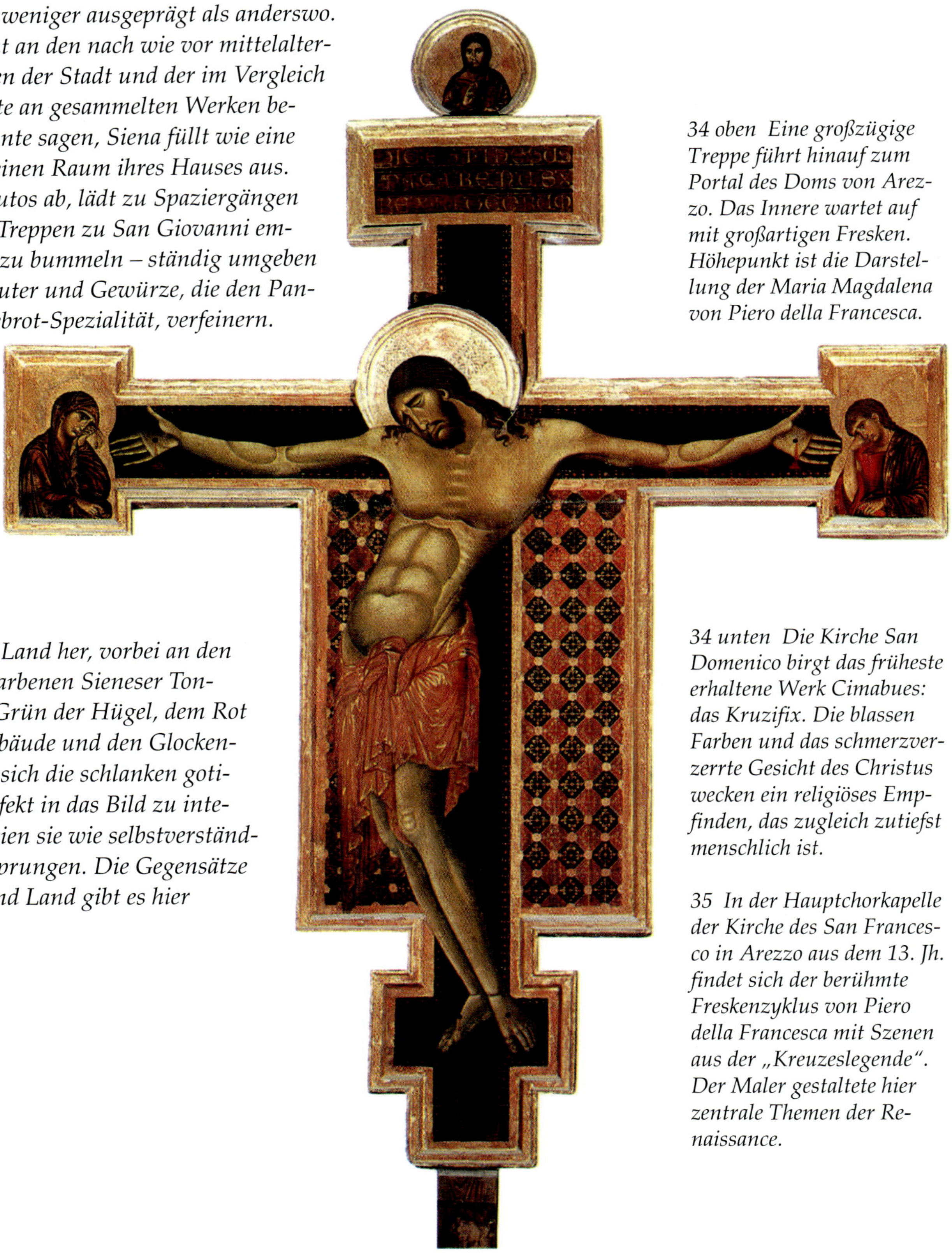

34 unten Die Kirche San Domenico birgt das früheste erhaltene Werk Cimabues: das Kruzifix. Die blassen Farben und das schmerzverzerrte Gesicht des Christus wecken ein religiöses Empfinden, das zugleich zutiefst menschlich ist.

35 In der Hauptchorkapelle der Kirche des San Francesco in Arezzo aus dem 13. Jh. findet sich der berühmte Freskenzyklus von Piero della Francesca mit Szenen aus der „Kreuzeslegende". Der Maler gestaltete hier zentrale Themen der Renaissance.

Kommt man vom Land her, vorbei an den gelben und ockerfarbenen Sieneser Tonerden, vorbei am Grün der Hügel, dem Rot der Terrakotta-Gebäude und den Glockentürmen, scheinen sich die schlanken gotischen Formen perfekt in das Bild zu integrieren, fast als seien sie wie selbstverständlich der Erde entsprungen. Die Gegensätze zwischen Stadt und Land gibt es hier

nicht, eher fließende Übergänge, und unter der Pflasterung im Fischgrätenmuster der Piazza del Campo sind die drei Hügel, die unter dem Fundament der Stadt zusammentreffen, erkennbar. Man spürt, dass die Muschelform nicht von einem Städteplaner aus einer Laune heraus gestaltet wurde, sondern dass sie in der geomorphischen Struktur des Ortes begründet liegt. Zu Recht hat Michel de Montaigne – und die Venezianer mögen es mir verzeihen – die Piazza del Campo zum schönsten Platz der Welt erklärt. Hier konzentriert sich die weltliche Geschichte der Stadt, häufig mit der Kirchengeschichte verwoben, die ihre Krönung im Bau des riesigen Domes gefunden hat.
Auf dem Campo fand der Markt statt, auf den Campo gelangt – damals wie heute – das Wasser über ein fünfundzwanzig Kilometer langes Aquädukt, das den Brunnen Fonte Gaia speiste. Aber vor allem fanden auf dem Campo die Spiele statt, nach denen die Sienesen buchstäblich verrückt sind: Die Rede ist natürlich vom Palio, über den wir später noch sprechen werden, aber auch von blutrünstigeren und aufwendigeren Streitkämpfen, die heute auf spielerische Art verharmlosen, was sich ehemals außerhalb der Mauern gegen Feinde, die deutlich weniger Spaß verstanden, abspielte. Am ältesten und vielleicht außergewöhnlichsten ist das Spiel der Pugna, ein Boxkampf mit nackten Fäusten: Hier ging es darum, so lange miteinander zu kämpfen, bis der Gegner den Tod fand. Oder das Spiel des Mazzascudo: Die Streitenden trugen einen Weidenkorb auf dem Kopf und schlugen sich auch mit Unterstützung der Zuschauer – die nicht immer nur moralischer Art war. Die Spielleidenschaft der Sienesen war schon immer sehr ausgeprägt, man liebte „Panem et circenses", „Brot und Spiele", wie es sie die römischen Vorfahren lehrten. Einer Legende zufolge sollen es eben gerade sie gewesen sein, die die Spanier, die hier für lange Zeit herrschten, die Regeln und Bräuche des Stierkampfes „gelehrt" haben.
Siena ist eine Stadt, die allzeit zu Scherz und Leidenschaft bereit ist, aber auch von einer einzigartigen Sanftheit sein kann, die jeden berührt. Im Sommer, bei Einbruch der Dämmerung, wenn das Abendrot das Terrakotta noch intensiver erscheinen lässt, bis die Sonne allmählich hinter den Türmen und Dächern verschwindet, kann niemand der Stadt widerstehen. Eine kuriose Mischung aus Wildheit und Harmonie, aus Heftigkeit und Wärme macht aus Siena eine Stadt, an die sich jeder sehnsüchtig erinnern wird.
Da die drei „Hauptstädte" der Toskana – Florenz, Pisa und Siena – sich einer solchen Berühmtheit erfreuen, werden Orte wie Lucca, Arezzo, Pistoia, aber auch Grosseto, Livorno, Massa und Carrara, bei der Aufzählung der „großen Kunststädte" häufig einfach vergessen. Von ihnen und ihrer landschaftlichen Umgebung, in die sie sich so perfekt einfügen, handeln die nachfolgenden Abschnitte.
Gewiss verdient Lucca es, an erster Stelle zu stehen, auch allein schon deshalb, weil hier im fünfzehnten Jahrhundert der letzte Wohnsitz der wunderschönen Ilaria de Carretto, der jung verstorbenen Gemahlin des Stadtherren Paolo di Guinigis, war. Ihr Grabmal hat Generationen von Romantikern verzückt, aber leider auch die Aufmerksamkeit von mit Stiften und Farben bewaffneten Vandalen auf sich gezogen. Der Bildhauer Jacopo della Quercia hat Ilaria in ihrer ganzen Anmut und ihrer heiteren und friedlichen Schönheit in diesem Denkmal festgehalten.
Mit denselben Attributen könnte man auch die Stadt Lucca selbst treffend beschreiben, die ruhige Beherrscherin jenes Zeitalters, geschützt durch einen mächtigen und scheinbar uneinnehmbaren Mauerring.
Hinter den Stadttürmen hat die Stadt keine großen Veränderungen erlebt, und so konnte sie sich ihren friedfertigen und geradezu vornehmen Charakter als kleine Hauptstadt ohne Funktion bewahren. Die beliebteste Straße bleibt weiterhin der Fillungo. Freundlicherweise, aber aufgrund ihrer schmalen Ausmaße auch gezwungenermaßen bleibt sie den Fußgängern vorbehalten. Eine Einkaufsmeile, die es leicht mit der Mercerie in Venedig aufnehmen kann, die aber trotz der Luxusgeschäfte auch mit einem orientalischen Souk etwas gemein hat.
Kaum zu glauben, dass Lucca vor über einem Jahrhundert Gefahr lief, vollkommen umgebaut zu werden: 1866 wurden die Stadtmauern zum Verkauf freigegeben, was der privaten Bodenspekulation Tür und Tor öffnete. Die Stadt erwarb die Mauern, und für einige Zeit wurde tatsächlich in Erwägung gezogen, sie niederzureißen um, für Gott weiß was, Platz zu schaffen. Zum Glück erhoben die Bewohner Einspruch, und somit konnte einer der malerischsten Flecken der ganzen Toskana gerettet werden. Gleichzeitig ist die

37 oben links Im Dom von Grosseto ist nur wenig vom sienesischen Stil erhalten geblieben, der für den Vorgängerbau typisch war. Die Fassade wurde in der ersten Hälfte des 19. Jh. erneuert, und auch der Innenraum bekam eine neue Struktur. Zu bewundern sind hier ein schönes Taufbecken und der Altar der „Madonna delle Grazie" von Antonio Ghini.

37 oben rechts Grosseto gilt als „Aschenputtel" der Toskana, doch der älteste Teil der Stadt, der von diesen mächtigen Mauern umschlossen ist, hält Überraschungen bereit. Seit dem 19. Jh. ist er für Besucher zugänglich.

37 unten Im Herzen der Altstadt von Grosseto, umringt von den Mauern, öffnet sich die Piazza Dante, früher Cisternone oder Catene genannt. Die Stadt ist nach dem Jahr 935 entstanden, als der Ort Roselle von den Sarazenen zerstört und zugunsten des kleinen Schlosses von Grosseto verlassen wurde.

Stadt auch provinziell genug, um den Bewohnern hektischer Großstädte als Zufluchtsort zu dienen, denn sie ist in einer zauberhaften, mit außergewöhnlichen Villen übersäten Landschaft gelegen.
Lucca war und ist eine reiche Stadt mit Bank- und Handelsgesellschaften. Ihren wirtschaftlichen, politischen und künstlerischen Höhepunkt erreichte die Stadt im dreizehnten Jahrhundert, als sich die Lucchesen einen Namen als gewitzte und intelligente Handelsleute machten: Wohl wissend, dass sie auf einigen Gebieten nicht mit Florenz konkurrieren konnten, wie beispielsweise bei der Wollherstellung, spezialisierten sie sich auf die Produktion und den Handel mit Seide. Damast, Samt, Silber- und Goldbrokat aus der Stadt waren in der gesamten Welt des Mittelalters berühmt und auch in Frankreich, Flandern und England sehr begehrt. Neben den Stoffen wurden aber auch Einwohner „exportiert": Zahlreiche bedeutende Luccheser Familien siedelten sich in Paris, Montpellier und in der Champagne an und trugen so entscheidend zur Verbesserung der Beziehungen mit den Mächtigen Europas bei. Es versteht sich von selbst, dass diese Epoche auch die künstlerische Blütezeit der Stadt war. Die Romanik Luccas ist eine Mischung aus Bodenständigkeit, Einfachheit und dem Willen zur Klarheit, und erst später führten die Einflüsse aus Pisa zu vielfältigeren Formen: Schließlich weiß man, dass Wohlstand nicht durch Prahlerei entsteht. Auch die Hassliebe zu Florenz begann in dieser Zeit. Die Städte verbündeten sich, wenn dies für beide nützlich erschien, häufiger jedoch war man verfeindet: Das Schicksal entschied, dass Lucca unterliegen sollte und sich zurückziehen musste. Die Stadt war fortan damit beschäftigt, die eigene Existenz zu verteidigen, das Leben ihrer Bürger zu verbessern und den Handel auszubauen. Doch auch hierbei kam es immer wieder zu Kämpfen und Verschwörungen, wie dem versuchten Regierungsumsturz des Stadtbürgers Burlamacchi. Man darf nicht vergessen, dass die Toskana ein unruhiges Gebiet geblieben ist: Wenn in der Außenpolitik alles glatt zu laufen scheint, so muss man doch in der Innenpolitik für Unruhen sorgen. Wie sonst könnte man diesen vollkommen friedlichen Ort ertragen, wo man nur wenige Kilometer Stadtmauern hinter sich lassen muss, um sich in der paradiesischen Idylle der Lucchesia wiederzufinden?

38–39 Die „Maestà", der berühmte Hochaltar von Duccio da Buoninsegna mit der thronenden Madonna (14. Jh.), ist heute im Museo dell'Opera Metropolitana in Siena untergebracht. Die Abbildung zeigt einen Ausschnitt der Altarrückseite. Die Vollendung dieses Meisterwerks der sienesischen Malerei wurde von der einheimischen Bevölkerung drei Tage lang gefeiert. Das komplexe und faszinierende Werk hatte einen großen Einfluss auf spätere Arbeiten zum selben Thema.

Die Villen im Umland verdienen alleine schon eine längere Beschreibung. Sie stehen, ebenso wie die venezianischen Villen der Riviera del Brenta, für den Reichtum, guten Geschmack und die Lust nach Vergnügungen der Stadtbewohner, die, erschöpft von ihren Geschäften, meisterhafte Bauwerke für ihre Ferien errichten ließen. Die berühmteste unter ihnen, die Villa Mansi di Segromigno, stammt aus dem siebzehnten Jahrhundert, sie wurde allerdings zwei Jahrhunderte später von Juvara umgestaltet. Weitere Beispiele sind die Villa della Gattaiola, die Villa Orsetti und die Villa Santiti-Torrigiani.

Ebenso eng mit dem Land verbunden ist Pistoia, eine Stadt, die in ihrer Geschichte nur sehr wenige Glanzmomente, dafür aber umso mehr Niederlagen erfuhr. Der anonyme Chronist der „Istorie Pistoiesi" spricht von dunklen Momenten, in denen die Stadt und das Umland durch die Parteikämpfe in eine Bühne des Grauens verwandelt wurden, bis Pistoia 1306 den beiden Mächten Florenz und Lucca unterlag. Damals fielen auch viele Kunstschätze der Zerstörung zum Opfer, und der Ruf nach Rache machte einer schwächenden Melancholie Platz. Die Eroberer vernichteten jede Erinnerung an die vergangene Macht und rissen Türme und Mauern ein. Die Bewohner Pistoias versuchten dagegenzuhalten, aber mit wenig Erfolg. Zu Beginn des 15. Jahrhunderts wurden sie praktisch zu Untertanen ihrer Nachbarn. Vielleicht ist dies der Grund dafür, dass sie unter der toskanischen Bevölkerung am wenigsten die Neigung zum Feiern ihrer Vergangenheit besitzen. Sie ziehen es vor, zu vergessen. Die Giostra dell' Orso, das „Fest des Bären", nach dem Zweiten Weltkrieg, nach Jahren des Vergessens wieder neu aufgenommen, nimmt auf keine genaue historische Epoche Bezug. Hier zieht man es vor, den Dom, die schönen romanischen Kirchen sowie das kleine mittelalterliche Zentrum zu genießen und als Teil des Stadtlebens zu sehen, nicht als museale Glanzstücke. Der Prunk vergangener Zeiten bleibt den klassizistischen Formen und dem Jugendstil Montecatinis mit seinen Leopoldinischen Thermen vorbehalten. Dennoch ist die Kunst Pistoias nicht zu unterschätzen, angefangen beim Werk Coppo di Marcovaldos, der inzwischen als Lehrmeister Cimabues anerkannt ist und dessen großartiges Kruzifix im Dom bewundert werden kann. Im vierzehnten Jahrhundert ist auch hier in der Provinz der Einfluss Giottos zu spüren. Bedeutend sind hier auch die romanische Architektur sowie die gotischen Bauteile des Baptisteriums und der Kirche San Paolo. Doch Pistoia steht hauptsächlich für Bildhauerei und ganz besonders für die Kanzel von Giovanni Pisano in der Kirche Sant' Andrea – ein unvergänglicher Beweis der Anerkennung und Verehrung der Stadt, die ihn als Künstler aufgenommen hatte. Ein Werk, wie Pietro Toesca schrieb, in dem „... das sichtbare Sprechen Gestalt annimmt, das sich Dante in der Bildhauerei ersehnte. Der Bildhauer muss sich, außer in der Größe der vier Felder, keinen Einschränkungen unterwerfen – er kann die Figuren und ihr Handeln, die sich zu einem Ganzen zusammenfügen, frei ersinnen. Gegensätze prallen in einer derart intensiven körperlichen und geistigen Lebhaftigkeit aufeinander, wie man es in keinem anderen Meisterwerk der Gotik wiederfindet. Nur das bewegte Innenleben scheint bei jeder Gruppe und jeder Figur Form und Komposition zu bestimmen. Es ist nicht das Ziel des Künstlers, stilistischen Normen gerecht zu werden, sondern es geht ihm darum, Bewegung und Leidenschaft zum Ausdruck zu bringen." Die ist ein ausführliches Zitat über ein Werk, das unmittelbar vor der Niederlage Pistoias erschaffen wurde und das vielleicht alle Widersprüche im Charakter und Geist der Bevölkerung erfasst, deren Schicksal es war, gegen ihren Willen in der Nachbarschaft einer so mächtigen Stadt wie Florenz zu leben.

Die letzte Etappe der imaginären Reise in die Städte der Toskana ist Arezzo, das Giorgio Saviane als „Toscanità" bezeichnete. Das toskanischen Wesen lebt aus der Spannung zwischen der klaren Reinheit der Kunst von Piero della Francesca und der unsterblichen Bissigkeit der „verfluchten Schriften" von Pietro Aretino. Leider hat die moderne Städteplanung der Stadt einen Großteil ihres Charmes genommen, von dem, so erzählt man sich, Reisende vor einigen Jahrzehnten so sehr beeindruckt waren. Die Umgestaltung hat auch die Wirtschaftsstruktur mit ihren wichtigen Industriezweigen, wie den Goldschmiedewerkstätten und Kleiderherstellern, getroffen. Doch ihre glanzvolle Geschichte kann niemand der Stadt nehmen: Arretium war eine der wichtigsten Etruskerstädte und Sitz eines der zwölf Stadtstaaten.

41 Das Original des berühmten „David" von Michelangelo wird in der Galleria dell' Accademia in Florenz sicher aufbewahrt. Das Meisterwerk fand hier Schutz vor den Umwelteinflüssen an der Piazza della Signoria, die es für immer zu zerstören drohten, und auch vor Vandalismus.

Die Stadt erfüllte alle Voraussetzungen dafür, sich zu einem wichtigen Handelszentrum zu entwickeln: Sie war reich und hatte eine verkehrsgünstige Lage an der Mündung der drei Flusstäler des Arno, des Tiber und der Chiana. Diese Bedingungen waren auch während der römischen Herrschaft und später im Mittelalter gegeben, als das Leben in der Stadt im Schatten der Langobarden und der Markgrafen der Toskana mit der Gründung einer Universität für Rechtswissenschaften und Literatur, die im vierzehnten Jahrhundert allerdings wieder unterging, immer reger wurde. Doch wie jede andere toskanische Stadt bedeutet Arezzo vor allem Kunst.
Piero della Francesca schuf die „Legende vom Wahren Kreuz", den Freskenzyklus im Chor der Kirche San Francesco mit seiner strengen Perspektive und seiner klassischen Monumentalität. Es würde genügen, auch nur ein Detail zu betrachten – zum Beispiel die Ansicht von Arezzo – und diese mit dem Mosaik an Dächern der Stadt zu vergleichen, um zu verstehen, wie sehr der Maler mit seiner Auftraggeberin, der Stadt, im Einklang war. Leider wurde die Schönheit des historischen Stadtkerns während des letzten Krieges durch schmerzliche Zerstörungen entstellt, und entstandene Lücken wurden häufig auf respektlose Weise mit neuen Gebäuden gefüllt. Der Denkmalbezirk ist in sich geschlossen. Er ist durch die Festung aus dem sechzehnten Jahrhundert nur schwach beschützt. Auf der Piazza Grande wird, wenn der Sommer zu Ende geht, die Giostra del Saracino, das Sarazenenturnier, aufgeführt. Zusammen mit dem Palio in Siena und dem florentinischen Calcio in costume zählt das Turnier zu den beliebtesten und farbenfrohesten Volksfesten der Region.

42–43 Der „Schlafende Knabe“ zählt wohl zu den berühmtesten Werken von Giovanni Duprè. Der sienesische Bildhauer des 19. Jh. steht in der Nachfolge Canovas und war ein ganz herausragender Künstler des Klassizismus. In seinen autobiographischen Schriften zeichnet Duprè ein Bild der toskanischen Künstler seiner Zeit.

Florenz: Schauplatz von Waffengewalt und Schönheit

44 Solche Ansichten von Florenz mit Dächern, Kuppeln und Türmen, wie dem Glockenturm der Kirche Santo Spirito im Vordergrund rechts, haben die Stadt weltweit zu einem Synonym für italienische Kunst und Lebensart werden lassen.

44–45 Bevor er zum „Reich der Goldschmiede" wurde, war der Ponte Vecchio ein Fleischmarkt. Die Metzger wurden gegen Ende des 16. Jh. endgültig vertrieben. Man warf ihnen vor, die Schönheit des Ortes mit den Abfällen ihrer Arbeit verschandelt zu haben.

46–47 Der Dom Santa Maria del Fiore beherrscht das historische Zentrum von Florenz. Die erhabene Kuppel von Brunelleschi, das Baptisterium San Giovanni, ein Bau auf achteckigem Grundriss, und der schlanke Glockenturm von Giotto machen das Ensemble zu einem architektonischen Wunderwerk.

48–49 Die östliche Tür des Baptisteriums San Giovanni, auch als „Paradiespforte" bekannt, trägt zehn vergoldete Bronzereliefs, die übereinander in zwei Reihen zu fünf angeordnet sind. Sie wurden 1452 von dem Bildhauer und Goldschmied Lorenzo Ghiberti geschaffen. Hierauf werden Szenen aus dem Alten Testament dargestellt, wie der Kampf zwischen David und Goliath (links) und die Erschaffung von Adam und Eva (rechts). Die Originaltafeln werden heute im Museo dell' Opera del Duomo aufbewahrt, während sich auf der Tür Nachbildungen befinden.

50–51 Die Hauptszene des Kuppelmosaiks im Baptisterium San Giovanni, die etwa ein Drittel der Gesamtfläche einnimmt, stellt das Jüngste Gericht dar und wird von einer gewaltigen Christusfigur beherrscht. Auf diesem Detail sind die zur Hölle Verdammten erkennbar, die von Teufeln gequält und vom Satan verschlungen werden.

51 oben In dieser Szene begleitet ein Engel die Gerechten im Beisein biblischer Patriarchen in den Himmel. Auf den Flügeln des Engels stehen die Eingangsworte eines Verses aus dem Matthäus-Evangelium: „Kommet, ihr Gesegneten meines Vaters, empfangt das Reich, vorbereitet für Euch seit der Schaffung der Welt."

51 unten Die Kuppel des Baptisteriums San Giovanni ist mit einem goldenen Mosaik geschmückt. Es besteht aus acht Feldern, die wiederum in konzentrische Zonen aufgeteilt sind. Zwischen Ende des 13. und Anfang des 14. Jh. wurden die goldenen Mosaiken wahrscheinlich von florentinischen und venezianischen Meistern fertig gestellt.

52 unten Der Boboli-Garten an der Rückseite des herrschaftlichen Palazzo Pitti wurde ursprünglich von Niccolo Tribolo angelegt und von Bernardo Buontalenti mit Skulpturenschmuck ausgestattet. Er gilt als eines der gelungensten Beispiele eines Italienischen Gartens.

52–53 Der Arno spielte in der Geschichte der Stadt Florenz eine entscheidende Rolle: Durch sein Wasser konnten die Woll- und die Lederindustrie unterhalten werden. Dadurch florierte der Handel, und die Stadt konnte im Mittelalter Reichtümer anhäufen und die Kunstwerke finanzieren.

53 oben Das Baptisterium San Giovanni ist das von den Florentinern am meisten geliebte Bauwerk, und das vielleicht schon seit Dantes Zeiten.

53 unten Um die Brücken, die den Arno überspannen, war es nicht immer gut bestellt. Sie hatten unter den gewaltigen Überschwemmungen zu leiden, wurden aber auch Opfer menschlicher Heimtücke. Während des Zweiten Weltkrieges wurden mit Ausnahme des Ponte Vecchio alle in die Luft gesprengt.

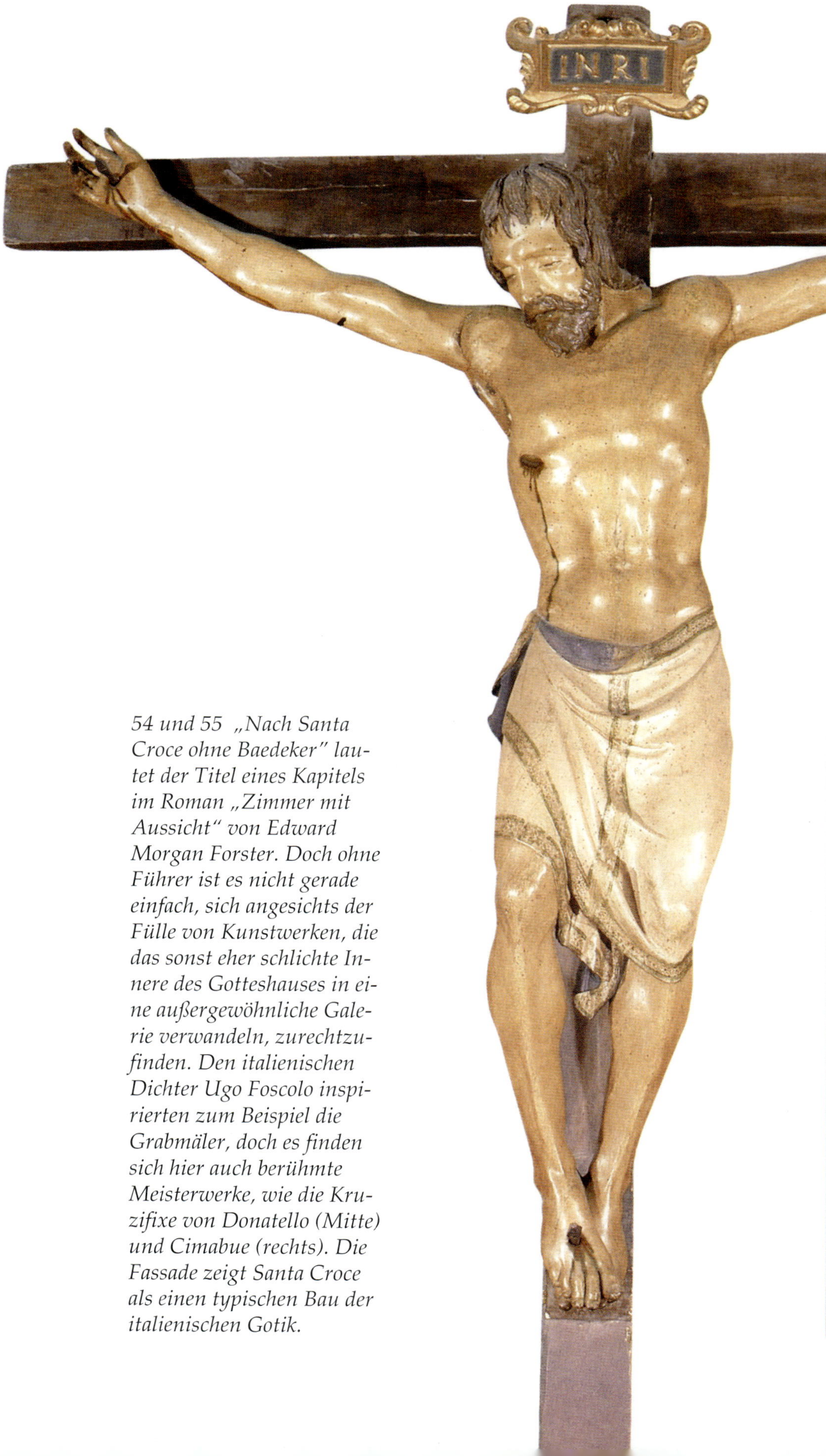

54 und 55 „Nach Santa Croce ohne Baedeker" lautet der Titel eines Kapitels im Roman „Zimmer mit Aussicht" von Edward Morgan Forster. Doch ohne Führer ist es nicht gerade einfach, sich angesichts der Fülle von Kunstwerken, die das sonst eher schlichte Innere des Gotteshauses in eine außergewöhnliche Galerie verwandeln, zurechtzufinden. Den italienischen Dichter Ugo Foscolo inspirierten zum Beispiel die Grabmäler, doch es finden sich hier auch berühmte Meisterwerke, wie die Kruzifixe von Donatello (Mitte) und Cimabue (rechts). Die Fassade zeigt Santa Croce als einen typischen Bau der italienischen Gotik.

56–57 und 57 Wenige Meter vom nach ihr benannten Bahnhof entfernt befindet sich Santa Maria Novella, eines der berühmtesten florentinischen Gotteshäuser. Der Entwurf der Kirche aus dem 13. Jh. stammt von zwei Mönchen des Dominikanerordens. 1249 wurde mit dem Bau begonnen, und 1360 war die Kirche im gotischen Stil fertig gestellt.

Die später vorgesetzte Renaissance-Fassade stammt vom genialen Architekten Leon Battista Alberti und stellte höchste Anforderungen an die Geschicklichkeit der Handwerker. Alberti arbeitete 14 Jahre – von 1456 bis 1470 – an der Neugestaltung der Fassade, für die eine hohe Attika-Zone, der Dreiecksgiebel und die seitlichen Voluten typisch sind.

IOHANES ORICELLARIUS PAU F AN SAL MCCCCLXX

58 Cosimo I. beauftragte in der zweiten Hälfte des 16. Jh. Giorgio Vasari mit dem Bau eines Verwaltungsgebäudes, des Palazzo degli Uffizi. Heute sind die Uffizien Staatsarchiv, aber vor allem eines der bekanntesten und meistbesuchten Museen der Welt.

59 Florenz kann stolz sein auf seine große Zahl an Museen. Das Museo di San Marco (oben links) ist in dem herrlichen Kloster untergebracht, in dem Fra Angelico einen Großteil seiner Werke hinterlassen hat. In den Sälen des Palazzo Vecchio (oben rechts) scheint die Epoche der Medici zum Leben erweckt zu werden, während die Galleria dell' Accademia (unten) vor allem wegen der dort ausgestellten Meisterwerke Michelangelos besucht wird, darunter die bewegende Pietà Palestrina.

OPVS GENTILIS DE FABRIANO
M C C C C X X III MENS

60–61 Die „Anbetung der Könige", ein Tafelbild von Gentile da Fabriano, war ursprünglich für den Altar der Strozzi-Kapelle in der Kirche Santa Trinità in Florenz vorgesehen. Das 1432 vollendete Werk, das sich heute in den Uffizien befindet, zeichnet sich durch seine Leuchtkraft sowie durch die schlichte Darstellung der Figuren aus.

61 Fra Angelico malte für das Kloster San Marco in Florenz verschiedene Werke, darunter diese Kreuzabnahme Christi. Das Werk aus der Zeit der Frührenaissance ist im Museo Nazionale di San Marco zu sehen.

62 Die berühmte „Verkündigung“ von Leonardo da Vinci ist in Besitz der Uffizien. Wie bei anderen Werken des genialen Künstlers dient auch hier eine ideale Landschaft als Bildhintergrund, die jedoch durchaus Anklänge an eine reale Landschaft aufweist.

63 Nach Dante war Cimabue, der Maler der „Thronenden Madonna“, die heute in den Uffizien zu sehen ist, ein arroganter Mann. Doch sein Werk ist von großer Wirkung. Die Strenge des Bildaufbaus wird durch die sanften Gesichtszüge der Heiligen gemildert.

64 und 65 Lange Zeit galt Sandro Botticelli als reiner Ästhet, doch seine Bilder „Der Frühling“ und „Die Geburt der Venus“, die heute in den Uffizien aufbewahrt werden, belegen seine Nähe zum Gedankengut des Neuplatonismus. So ist die nackte Venus als ideale Verkörperung von Natürlichkeit, der Reinheit der Natur und des Glaubens zu verstehen, während der personifizierte Frühling als Allegorie gelesen werden muss.

66 Die „Madonna mit dem Kinde und zwei Engel" von Filippo Lippi, ein Gemälde, auch „Lippina" genannt, ist inspiriert von der flämischen Landschaftsmalerei. Das Werk, ein Meisterstück des Künstlers, wurde von zahlreichen zeitgenössischen und nachfolgenden Malern zum Vorbild genommen. Heute wird es in den Uffizien aufbewahrt.

67 Unter den Kunstschätzen der Uffizien befindet sich auch Raffaels „Madonna mit dem Distelfink" (1506), ein Werk, das deutlich den Einfluss Leonardo da Vincis zeigt. Der Titel des Gemäldes rührt von dem Vögelchen her, mit dem der Jesusknabe und Johannes spielen.

68–69 Agnolo Bronzino war ein hervorragender Porträtmaler, der vor allem für die Familie Medici tätig war. Eines seiner berühmtesten Werke ist das Doppelporträt von Eleonora von Toledo, der Gemahlin Cosimos I., mit ihrem Sohn Giovanni. Mit großer Liebe zum Detail hat der Maler das Kleid Eleonoras wiedergegeben.

69 Piero della Francesca fertigte um 1465 ein Diptychon mit den Porträts von Battista Sforza und Federico da Montefeltro, der Herzogin und des Herzogs von Urbino. Bemerkenswert ist die Landschaft im Hintergrund, die einen Einfluss des flämischen Stils erkennen lässt. Das Werk ist heute in den Uffizien ausgestellt.

70 Diese Pietà im Museo dell' Opera del Duomo La Pietà gilt als Spätwerk Michelangelos. Der Künstler löste sich zunehmend von den antiken Vorbildern und fand hier zu einer persönlicheren Form der Darstellung.

71 Die „Heilige Familie" Michelangelos war 1993 durch eine Explosion in den Uffizien ernsthaft beschädigt worden. Dieses Werk aus der Jugendzeit des Künstlers, das in zarten Farbtönen gehalten ist, erstrahlt nach seiner Restauriereung jedoch wieder im alten Glanz.

72 Wie unterschiedlich das biblische Thema des David von verschiedenen Künstlern unterschiedlicher Epochen gestaltet wurde, zeigt diese Gegenüberstellung der Bronzestatuen von Donatello (links) und Andrea del Verrocchio (rechts), die sich beide im Museo Nazionale del Bargello in Florenz befinden. Donatello als wichtiger Vertreter der Frührenaissance stellt mit seinem Werk einen deutlichen Bezug zur Antike her. An Verrocchios „David" lässt sich am Umgang mit Licht und Schatten erkennen, dass der Künstler in erster Linie ein Maler war.

73 Dieses Detail des „David" von Donatello zeigt die Gesichtszüge eines eher nachdenklichen jungen Mannes – ein deutlicher Gegensatz zur Siegerpose des Gegenstücks von Verrocchio.

74 Das Museo degli Argenti im Palazzo Pitti in Florenz beherbergt eine reiche Sammlung von wertvollen Gegenständen aus dem Besitz der Familie Medici. Diese Vase besteht aus zwei Nautilus-Muscheln. Diese wurden mithilfe von Metall, das mit Perlen, Rubinen und Türkisen besetzt ist, so zusammengefügt, dass eine Drachenform entstand.

75 links Zu den berühmtesten Werken aus der Sammlung von Schätzen der Medici, die im Palazzo Pitti aufbewahrt sind, zählt diese Vase aus Lapislazuli von Bernardo Buontalenti mit Goldbesatz von Jacques Bilivert.

75 rechts Dieser von Francesco I. de' Medici in Auftrag gegebene Pokal aus Jaspis, der sich heute im Museo degli Argenti im Palazzo Pitti befindet, trägt auf dem Deckel eine Abbildung des Herkules beim Töten der Hydra. Es handelt sich um ein Werk des Goldschmiedehofmeisters Michele Mazzafirri.

76–77 Der Palazzo Medici-Ricciardi, von Michelozzo um die Mitte des 15. Jh. errichtet, war das Zuhause so berühmter Persönlichkeiten, wie Cosimo der Ältere, Lorenzo il Magnifico, Karl VII. von Frankreich und Karl V. von Spanien. Der elegante Bau ist der Prototyp der Herrschaftshäuser der Renaissance.

77 Die Pazzi-Kapelle befindet sich an der Südseite der Kirche Santa Croce und ist von einem der Kreuzgänge aus zugänglich. Sie stellt einen Höhepunkt des Schaffens von Filippo Brunelleschi dar. Der Künstler schuf hier eine Renaissance-Kapelle von formaler Perfektion und architektonischer Strenge.

78 Zwei elegante barocke Brunnen von Pietro Tacca aus dem Jahre 1629 verleihen der Piazza Santissima Annunziata eine besondere Harmonie. Das Bild zeigt ein Detail: ein wasserspeiendes Fabeltier.

79 Kaum ein Einheimischer nennt diesen Brunnen von Bartolomeo di Antonio Ammannati tatsächlich Neptunsbrunnen. Schon immer heißt er für alle schicht „Biancone", „Der Weiße". Besonders beliebt war das Werk noch nie, und so spotteten die Florentiner: „Oh Ammannato, oh Ammanato, welch schönen Marmor hast du ruiniert."

80–81 Das berühmteste Werk der florentinischen Skulptur ist der „David" auf der Piazza della Signoria. Michelangelo zeigt den biblischen Helden als wunderschönen Jüngling, der sich auf den wichtigsten Moment seines Lebens konzentriert.

82–83 Der Ponte Vecchio hat nicht nur gute Zeiten erlebt. Die erste Brücke an dieser Stelle war eine Holzkonstruktion und wurde 1333 bei einer Überschwemmung zerstört. Mitte des 14. Jh. errichtete Neri di Fioravante dann eine Brücke aus Stein. Als die Deutschen auf dem Rückzug zu Ende des Zweiten Weltkrieges die Brücke blockierten, wurde das Bauwerk beschädigt, und auch das Hochwasser des Arno 1966 hinterließ seine Spuren. Heute ist der Ponte Vecchio ein Wahrzeichen der Stadt Florenz, und die Touristen überqueren ihn in Massen auf ihrem Bummel durch die vielen kleinen Läden der Goldschmiede.

SIENA: WAS EINE GUTE REGIERUNG VERMAG

84–85 Die Geschichte Sienas wurzelt tief im Mittelalter. Die Stadt ist eine wahre Schatzkammer der Kunst und der Architektur. Aus dieser Perspektive ist im Vordergrund der Dom mit dem Glockenturm zu erkennen. In der Bildmitte befinden sich die Piazza del Campo mit dem Palazzo Pubblico und der Torre del Mangia und im Hintergrund die Kirche Santa Maria di Provenzano sowie die Basilika San Francesco.

85 Von oben betrachtet fällt es ins Auge, dass Siena tatsächlich einheitlich rot ist: die Wohnhäuser ebenso wie andere Gebäude mit Zinnen und Türmen und alle Dächer. Grund dafür ist der ebenfalls Siena genannte Farbton der Erde rund um die Stadt, der sich in den Baumaterialien wiederfindet. Man könnte die Einheitlichkeit des Erscheinungsbildes als Symbol dafür verstehen, dass sich Adel und Volk hier stets einig waren. Ihr gemeinsames Ziel war es, die Stadt als einen der berühmtesten Orte des Geistes zu erhalten.

86 und 86–87 Auf der Piazza del Campo wird zweimal im Jahr der berühmte Palio delle Contrade ausgetragen. Die Form des Platzes erinnert an eine Muschel, was ihm weltweite Bewunderung eingebracht hat. Ganz unverwechselbar wird die Anlage durch die schlanke Silhouette der Torre del Mangia.

89 Die lange und komplexe Baugeschichte des Doms gipfelte in dem Gedanken, das Hauptschiff der Ursprungskirche in das Querschiff des neuen Doms zu verwandeln, was das Ausmaß der geplanten Erweiterung erahnen lässt. Das Bauwerk in seiner heutigen Erscheinung ist durch Eingriffe verschiedener Art entstanden, zu denen die Neugestaltung der Fassade mit den Statuen Giovanni Pisanos zählt.

88 links oben Auf einer Säule auf der Piazza del Duomo thront die Kapitolinische Wölfin, die Romulus und Remus säugt. Sie erinnert an die römischen Ursprünge der Stadt.

88 links unten Um sie vor dem Verfall zu bewahren, wurde der größte Teil der von Giovanni Pisano gefertigten Statuen für die Domfassade ins Museo dell' Opera Metropolitana gebracht. Sie legen Zeugnis ab von der Lebendigkeit des Künstlers, seinem Hang zum Lyrischen und seiner tiefempfundenen Religiosität.

88 rechts Der Glockenturm des Doms von Siena wurde 1313 nach Plänen von Agostino di Giovanni und Agnolo di Ventura errichtet und mit einem Dekor aus Marmor unterschiedlicher Farbe versehen, das dem Zeitgeschmack entsprach.

90–91 Die in der zweiten Hälfte des 19. Jh. von dem Venezianer Castellani gefertigten Mosaiken erinnern an diejenigen im Duomo di Orvieto. Sie zeigen Episoden aus dem Leben der Jungfrau Maria und finden ihren Höhepunkt in ihrer Krönung.

91 Ungeachtet der Rosette über dem Hauptportal betont die reich geschmückte, lebhafte Fassade des Doms eher die Vertikale, was ihr eine gewisse Leichtigkeit verleiht. Sie wurde von Giovanni Pisano Ende des 13. Jh. begonnen und von Giovanni di Cecco, der sich vom Dom von Orvieto inspirieren ließ, nach 1376 vollendet.

92 links Sternenhimmel, vergoldete Engel, Fresken, Stuck, mehrfarbiger Marmor: Der gesamte dekorative Reichtum konzentriert sich an der überwältigenden Decke des Gotteshauses.

92 rechts oben Der reizvolle Blick in den Innenraum unterstreicht noch einmal die gewaltige Pracht, die sich besonders durch das geschickt auf die wertvollen Mosaiken gelenkte, sanfte Tageslicht entfaltet.

92 rechts unten Die Kanzel, von Nicola Pisano und seinen Mitarbeitern in den Jahren 1266 bis 1268 geschaffen, zieren Reliefs im gotischen Stil mit biblischen Szenen von großer Dramatik. Architektur und Innenausstattung verschmelzen im Dom von Siena zu einem Ganzen von überzeugender Harmonie.

93 Bei der Ausgestaltung des Dominneren wurde viel Wert auf die Perspektive gelegt. Der Wechsel von weißem und schwarzem Marmor auf Säulen und Wänden, die Dekorationen und Gemälde sowie die Musterung der Böden bewirken, dass die eigentliche architektonische Struktur sich dem Betrachter erst auf den zweiten Blick erschließt.

94 Bei der Arbeit an der „Thronenden Madonna" im Palazzo Pubblico, bekannt als die „Maestà", setzte sich Simone Martini mit der Komposition seines älteren Malerkollegen Duccio di Buoninsegna auseinander. Das Werk Martinis zeichnet sich aus durch seine lebendigere Darstellung mithilfe des Lichts.

94–95 Duccio di Buoninsegna malte diese grandiose „Maestà", die sich heute im Museo dell' Opera del Duomo befindet, für den Hochaltar des Doms von Siena. Durch den besonderen Bildaufbau stellt es eines der großartigsten Gemälde des Mittelalters dar. In seiner Helligkeit, der Frische seiner Farben und durch die Intensität seines religiösen Ausdrucks beeinflusste das Tafelbild viele Künstler der Zeit.

96–97 Über den Palazzo Pubblico von Siena sagt man, seine Architektur spiegle auf die eine oder andere Weise alle sienesischen Gebäude des 14. Jh. wider, da er für sie alle ein Vorbild gewesen sei. Für uns heutige Besucher ist er schlicht die perfekte Kulisse des schönsten Platzes der Welt – der Piazza del Campo.

97 Hoch und schlank ragt die Torre del Mangia empor. Der Turm wurde 1338 an den Palazzo Pubblico angefügt. Architekten waren die Brüder Minuccio und Francesco di Rinaldo aus Perugia, der Glockenstuhl als Bekrönung ist das Werk von Lippo Memmi.

Lucca: Im Gedenken an Ilaria del Carretto

98 *Das Mosaik der „Himmelfahrt Christi" an der Fassade der Kirche San Frediano wird der Malerfamilie Berlinghieri zugeschrieben. Es ähnelt einer Seite aus einem wertvollen mittelalterlichen Messbuch.*

99 *Die Kirche San Michele in Foro entstand an der Stelle, die früher vom Forum Romanum eingenommen wurde. Der Reichtum der Fassade ist ein herausragendes Beispiel der Pisaner-Luccheser Romanik: eine perfekte Kulisse aus dem 13. Jh.*

100 oben Das Grabmal von Ilaria del Carretto, ein Werk von Jacopo della Quercia, befindet sich im Dom von Lucca. Die junge Gattin des Paolo Guinigi ist in ihrer ganzen Schönheit porträtiert, von Putten umgeben und mit ihrem Lieblingshündchen zu Füßen. Das anrührende Werk zählt bis heute zu den meistbesuchten Monumenten der Stadt.

100 unten Die Einzigartigkeit des Doms beruht vor allem auf der Vielfalt der verwendeten stilistischen, architektonischen und dekorativen Lösungen: Marmorintarsien, glatte und spiralförmige Säulen und die durch den später hinzugefügten Glockenturm entstandene Asymmetrie machen aus dem Dom ein originelles Bauwerk.

100–101 Die lange und ruhmreiche Geschichte des Doms, der dem heiligen Martin gewidmet ist, reicht zurück bis in die Zeit des heiligen Frediano von Lucca, dessen Leben für das 6. Jh. bezeugt ist. Im 11. Jh. unter Kardinal Anselmo da Baggio wurde das Gotteshaus umgebaut, doch es erhielt sein heutiges Erscheinungsbild erst im 13. Jh.

102–103 Die Piazza Anfiteatro, auch als Piazza del Mercato bekannt, entspricht in ihrem Grundriss dem römischen Amphitheater, das einst an dieser Stelle stand. Auf dem Platz finden Märkte und manchmal öffentliche Veranstaltungen statt.

Pisa: Reichtum und Kultur im Schatten des Turms

104 Hinter dem Dom erhebt sich der Glockenturm, der „Schiefe Turm von Pisa“. Aus mittelalterlichen Berichten geht hervor, dass seine Neigung schon recht bald Anlass zur Sorge gab, so sehr, dass erste Versuche, ihn zu stabilisieren, schon aus dem 13. Jh. überliefert sind.

104–105 Das wunderbare Gebäudeensemble von Pisa, bestehend aus Dom, Glockenturm, Baptisterium und Friedhof, zeugt vom früheren Reichtum der Stadt. Das Schicksal des Glockenturms, der von jeher unter dem Absinken des Baugrunds leidet, hält die ganze Welt in Atem.

105 unten Dem genialen Buschero di Giovanni Giudice wird der Entwurf des Domes von Pisa zugeschrieben, von dem hier ein Detail der Apsis zu sehen ist. Das Bauprojekt reifte in einem Ambiente, das reich war an antiken Reminiszenzen, offen gegenüber der byzantinischen Kultur und technisch sehr hoch entwickelt.

106–107 Jüngsten Studien zufolge wurden die Monumente auf der Piazza dei Miracoli nach kosmologischen Gesichtspunkten angeordnet. Demnach entsprechen die Positionen von Dom, Baptisterium und Glockenturm den wichtigsten Planeten im Sternbild des Widders.

OPA

108 Die Kuppel des Doms ruht auf einer hohen Säulentrommel und gilt als erstes Beispiel einer aufgesetzte Kuppel. Wie der ganze Dom wird auch sie als Werk von Buschero di Giovanni Giudice angesehen, dessen Grab sich unter einer der Arkaden der Fassade befindet.

109 Das ständig wechselnde Spiel von Licht und Schatten, das durch die vielfache Wiederholung des Motivs der Säulen und Arkaden entsteht, ist typisch für die Sehenswürdigkeiten der Piazza dei Miracoli. Es ist das wichtigste Merkmal der gotischen Baukunst in Pisa.

110–111 Die Piazza dei Miracoli in Pisa vereinigt einige der bedeutendsten Gebäude der italienischen Kunst: den Friedhof (links), das Baptisterium, den Dom und daneben den berühmten „Schiefen Turm".

GRAND HOTEL

Massa, Carrara und Livorno: Städte des Marmors

112 oben Die Gebäude im Zentrum von Massa belegen die Pracht und den Reichtum der glanzvollen Vergangenheit der Stadt.

112 unten Massa wurde im 16. Jh. Hauptstadt des Herzogtums Massa-Carrara. Vor dem 11. Jh. war die Stadt nur ein kleines ländliches Zentrum, das erst durch den Niedergang des benachbarten Ortes Luni an Bedeutung gewann. Es waren die Familie Malaspina di Fosdinovo und später die Familie Cybo Malaspina, die das Erscheinungsbild der Stadt maßgeblich prägten. In Massa Cybea entstanden Wohnhäuser und Kirchen, vor allem das prunkvolle Wohnhaus der Cybo, das große rote Gebäude, das im 18. Jahrhundert mit Stuck und Grotesken mit floralen Motiven geschmückt wurde.

113 oben Der Mastio di Matilde ragt aus dem mächtigen Festungswall der Fortezza Vecchia in Livorno hervor. Er geht auf das 11. Jh. zurück, doch sein Ursprung liegt noch viel weiter in der Vergangenheit: Er wurde auf römischen Überresten aus dem 1. Jh. v. Chr. errichtet.

113 unten Der beeindruckende Porto Mediceo in Livorno wurde zwischen 1571 und 1618 erbaut: Der Anlegehafen erlebte einen beträchtlichen Aufschwung durch die zollfreie Wiederausfuhr der beim Zoll gelagerten Waren. 1675 wurde er zum freien Hafen erhoben. Damit wuchs auch der Wohlstand der auf das Tyrrhenische Meer blickenden Stadt. Auf dem Bild ist ein kurzer Abschnitt der Landzunge zu bewundern. Sie erinnert an den einstigen Prunk Livornos. Im etwas überladenen Stil Umbertos I., von den Einheimischen gern „Umbertino" genannt, sind die Terrassen entlang der Uferpromenade.

San Gimignano: Symbole vergangener Macht

114 und 115 Auf einem Hügel, der das Val d'Elsa beherrscht, und an der Via Francigena strategisch günstig gelegen, hat San Gimignano im Mittelalter viel Glück gehabt. Doch Rivalitäten unter den Adelsfamilien waren Anlass blutiger Auseinandersetzungen.

116–117 San Gimignano in der Provinz Siena hat noch seine mittelalterliche Stadtstruktur bewahrt, die durch zahlreiche Wohntürme der Adelsfamilien, die sogenannten Geschlechtertürme, geprägt ist. Die Altstadt gehört zum Weltkulturerbe der UNESCO.

FATTORIA MONTAGNANA

118–119 Das Innere der Collegiata di San Gimignano wurde mit herrlichen Fresken geschmückt. Links ist ein Detail der Szene der Santa Fina von Ghirlandaio abgebildet, rechts können die Szenen aus dem Leben Christi von Barna von Siena bewundert werden.

Land der Zypressen, der Villen und der Dörfer

120–121 Montalcino im Val d' Orcia ist in der ganzen Welt für den Wein, der dort produziert wird, berühmt, den Brunello. Relativ jungen Ursprungs wird der Brunello reinsortig aus einer Rebe, der Sangiovese, gewonnen; die besten Jahrgänge erreichen schwindelerregende Preise.

Zwischen den Alpen und Sizilien, zwischen Nord und Süd, liegt die Toskana mit Bergen und Hügeln, offenen Tälern und Schluchten, Inseln und dem Meer: Toskana bedeutet nicht nur Kunst, sondern auch Natur. Will man die Landschaft Umbriens oder die der Marken beschreiben, spricht man nicht selten vom Charakter einer „toskanischen Landschaft". Die Hügel im Chianti, die Sieneser Crete, das Mugello, die Maremma und die Garfagnana bilden nicht nur die ideale Kulisse für zahlreiche Städte und Dörfer, sie tragen auch einen großen Teil zu dem Reiz bei, der von dieser Landschaft ausgeht.

Die Versuchung, mit der weniger beliebten, oft vergessenen Gegend der schroffen Maremma zu beginnen, wäre groß. In diese Region der Abgeschiedenheit, in die angenehme Zurückgezogenheit des Monte Argentario werden wir jedoch erst gelangen, nachdem wir am Mugello angekommen sind, dieser Landschaft mit ihren grünen Wäldern, denen erst der Apennin Einhalt gebietet, gekrönt vom Falterona, wo das „Flüsschen", wie Dante den Arno nannte, entspringt. Die Einreise in die Toskana von dieser Seite aus muss seinerzeit Reisenden eine Erleichterung und einen Genuss bereitet haben: eine Landschaft, geprägt von Hügeln, Anhöhen, Villen und Burgen, bevorzugter Urlaubsort der Florentiner, die sich wohlweislich seit dem Ende des vierzehnten Jahrhunderts für die feudalen Festungen der Guidi und der Albertiner entschieden und das Sieve-Tal in eine Oase des Friedens verwandelt haben. Die Medici stammten ursprünglich aus dieser Gegend, sie gaben sich genüsslich der Muße hin, gingen zur Jagd und feierten Feste. Die nahegelegene und dominante Stadt Florenz entzog Mugello auch die berühmten Persönlichkeiten: Wer erinnert sich heute noch daran, dass Giotto, Fra Angelico und Andrea del Castagno aus dieser Gegend stammten? Sie werden wohl für immer mit der Hauptstadt in Verbindung gebracht. Man tröstet sich mit der Besichtigung fürstlicher Villen, wie der von Cafaggiolo, im Auftrag von Cosimo dem Älteren in der Nähe von Barberino erbaut, oder dem Dorf Scarperia, das für seine kunstvolle Schmiedearbeiten berühmt ist. Von Fiorenzuola aus, mit seiner Festung und dem Mauergürtel, wie viele andere von Sangallo erbaut, erreicht man Borgo San Lorenzo, die „Hauptstadt" des Mugello: Eine alte Burg, die mehr für den Handel als zu Kampfzwecken errichtet worden war – noch heute findet dort ein schöner Wochenmarkt statt – mit der prächtigen Kirche Pieve di San Lorenzo, die sich einer „Madonna" rühmt, die Giotto zugeschrieben wird. Das Mugello reicht fast ins Unendliche und geht in eine farbenfrohe Landschaft über, bis man nach Vespignano, das als Geburtsort Giottos ausgewiesen ist, und nach Vicchio, der Heimat von Fra Angelico, kommt.

Südlich von Mugello, zwischen der Toskana und der Emilia, liegt Casentino, das erste Tal des Arno. Dante war es, der als Erster die überwältigende Schönheit und das erfrischende Klima, das sich so sehr von dem trockenen in Florenz unterscheidet, gerühmt hat. Doch ist dem Dichter sicherlich der weniger friedliche Charakter des Landstrichs nicht entgangen – die heftigen Stürme, die im Laufe der Jahrhunderte den Frieden erschüttert haben. Es genügt, nur die Schlacht von Anghiari oder die Ebene von Campaldino zu erwähnen, Schauplatz des Sieges der florentinischen Guelfen über die Ghibellinen von Arezzo, um die Erinnerung an Schmerz und Blutvergießen wachzurufen. Glücklicherweise ist auch dieses Land Heimat großer Künstler, von Piero della Francesca über Michelangelo zu Paolo Uccello. Auch hier findet man eine große Spiritualität: Der Monte della Verna war im Mittelalter im Besitz des notorischen Don Juan Orlando Cattani aus Siena, der niemals damit gerechnet hätte, dass sein Leben durch die Begegnung mit einem kleinen, zerlumpten Mönch eine solche Wende nehmen würde. Dieser Mönch war Franz von Assisi, der auf der Burg San Leo in der Romagna zu Besuch war. Orlando lauschte seinen Worten, bekehrte sich und schenkte ihm den Berg. Auf dem Verna errichteten Franz und seine Gefährten mit Hilfe ihres Gönners eine Kirche, in der der Heilige später die Wundmale erhalten sollte. Heute ist die Kapelle von Verna Kloster, Bibliothek und Museum in einem und wird sogar als meteorologisches Observatorium genutzt.

Auch das Kloster der Kamaldulenser entstand mit Hilfe eines Mäzens: Hier war es der heilige Romuald, der kurz nach dem Jahre 1000 von Maldolo d'Arezzo die Erlaubnis erhielt, auf den Ruinen einer Burg mit dem Bau des Klosters zu beginnen. Die Kamaldulensermönche trugen im Mittelalter wesentlich zur Verbreitung des Wissens bei: Eingeschlossen in ihrer Eremitage und strengsten Regeln unterworfen, fertigten sie Abschriften von Kodizes an, noch lange bevor die erste Druckpresse erfunden wurde und diese Arbeit erleichterte.

123 Im Sommer feiern die Farben auf den Feldern der Toskana ein Freudenfest: das Grün, das Gelb der Sonnenblumen, die ockerfarbene Kreide berühren das Herz, und es sind genau die Farben, die wir in den Gemälden der Meister des Mittelalters und der Renaissance wiederfinden.

124–125 *Aus den sanften sienesischen Hügeln ragt der Tempel San Biagio hervor, ein Werk von Antonio da Sangallo il Vecchio. Der goldene Travertin hebt die Natürlichkeit und Harmonie des Baus hervor, der auf einer Anhöhe zu Füßen der Stadt Montepulciano ruht.*

124 unten *Es war die Trostlosigkeit und verzehrende Einsamkeit der Kreidelandschaft, die Bernardo Tolomei, den Gründer der Abtei Monte Oliveto Maggiore, inspirierte: Fernab vom öffentlichen Leben, zog er sich zum Gebet und zum Studium zurück.*

Tief in den Wäldern versteckt, sind La Verna und Camaldoli wahre Oasen des Friedens. Der Kunst hingegen begegnen wir überall in den Ortschaften und Gemeinden, wie in Pratvecchio, Heimat von Paolo Uccello und in der nahe gelegenen romanischen Dorfkirche Pieve di Romena, der bedeutendsten im Casentino.
Die letzte Etappe führt uns nach Cortona, eine überaus faszinierende Stadt. Sie verfügt über ein künstlerisches Erbe von unschätzbarem Wert und ist seit der Renaissance bis zur heutigen Zeit praktisch unverändert erhalten geblieben. Wie ist der ideale Stadtrundgang? Man sollte zuerst einmal die prächtige Kirche Santa Maria al Calcinaio, dann San Domenico mit seinen großartigen Gemälden und das Diözesan-Museum besuchen. Oder man macht einen Spaziergang durch die Pflastersteinstraßen, bummelt durch die Antiquitätenläden und lässt sich einfach verzaubern.
Doch das Tor zur Toskana kann man auch von anderen Bergen aus durchschreiten, wie denen der Lunigiana, mit Ausblick auf das mittelalterliche und barocke Pontremoli, eine Ortschaft mit alten Häusern mit Schieferdächern und einem Schloss, in dem das Museo Archeologico untergebracht ist.
Kommt man von Pontremoli hinunter in Richtung Meer, wird die Landschaft auf der rechten Seite der Straße auf halber Höhe düsterer und tiefgründiger, während auf der gegenüberliegenden Seite Dörfer und Burgen dem Besucher zuzulächeln scheinen. Ungefähr dreißig Burgen sowie mehr als einhundertfünfzig Befestigungsanlagen und Wachtürme zeugen von der einst stürmischen Zeit der Gegend. Doch auch hier schätzt man Kultur. Der Literaturpreis „Premio Bancarella" wird jeden Sommer auf der Piazza della Repubblica in Pontremoli vergeben, und er ist ein wichtiger Gradmesser für die Leseneigungen der italienischen Leser. Die eigentliche Stadt der Buchhändler ist allerdings Montereggio, eingebettet in tiefgrüner Natur. Seit vier Jahrhunderten ziehen die Bewohner dieses Tals durch die Welt und gründen Buchhandlungen und Verlagshäuser. Es liegt in der Provinz von Massa-Carrara: Massa, umgeben von üppigen Gärten, ist durch ein überwiegend modernes Aussehen geprägt,

125 Wenige Kilometer vor Siena erhebt sich das gewaltige abgelegene Castello delle Quattro Torri. Die Anlage stammt aus dem 14.–15. Jahrhundert und erinnert, aus der Nähe betrachtet, stark an das zeitgenössische Castello Estense di Ferrara.

126–127 Ein charakteristischer Anblick des Val d'Orcia: sanfte, unendlich weite Hügel, von einzelnen Zypressen gekrönt, die sich vor dem Himmel abzeichnen.

128–129 Die Werke des Menschen haben die Erde der Toskana geprägt und sie fruchtbarer gemacht. In der Umgebung Sienas fügen sich selbst die ländlichen Häuser auf magische Weise in die Landschaft ein.

besitzt aber immer noch einen kleinen mittelalterlichen, um eine Festung herum angesiedelten Kern. Carrara steht für den Marmor, und dies nicht nur innerhalb der Grenzen Italiens. Aus den Steinbrüchen des Carrione-Tals kommt seit vielen Jahrhunderten das wertvolle Material, aus dem ganze Kapitel Kunstgeschichte geschrieben worden sind. Der Marmor ist seit mindestens zweitausend Jahren der Reichtum der Gegend, und die gesamte Landschaft der Apuaner Alpen ist durchpflügt von Steinbrüchen und gekennzeichnet von den weißen Halden von Abfällen des Marmorabbaus. Ein Segen für die Wirtschaft der Gegend, den Carrara aber mit dem Aussehen einer Industriestadt bezahlen musste. Ausgenommen davon sind einige prächtige Gebäude aus dem siebzehnten Jahrhundert, aber vor allem der romanisch-gotische Dom.

Durch schmale, eichenbewachsene Täler der Garfagnana geht es nach Castelnuovo, Coreglia Antelminelli, Bagni di Lucca oder zu dem lieblichen, von Giovannino Pascoli so sehr geliebten Barga, oder bis zur Grotta del Vento mit ihren wohltuenden Kräften für die Bronchien. Die große Dichtkunst Pascolis ist hier häusliche Gewohnheit, denn jedes italienische Kind musste seine Gedichte in der Schule auswendig lernen, zum Andenken des sehr bekannten, aber umso schlechter behandelten Poeten. Jedes Dorf besitzt etwas Sehenswertes, eine romanische Kirche aus Terrakotta, ein Kruzifix und eine Kanzel, die es sich zu besichtigen lohnt.

Von den Apuaner Alpen erreicht man in kurzer Zeit die Tiefebene und dann das Meer. Zunächst gelangt man in die Küstenlandschaft Versilia, wo alte Fischerdörfer wie Forte dei Marmi, Le Nocette, Pietrasanta, Camaiore, Viareggio Teil des Sommertourismus geworden sind, aber trotzdem ihre vornehme Distanz bewahren konnten. Wer der Küste folgt, erreicht das von Puccini geliebte Torre del Lago. Das Glanzstück von Massaciuccoli ist der wundervolle Naturpark Tenuta Presidenziale di San Rossore. Doch nur wenige Kilometer weiter wird das Grün der Pinien vom Hafen Livornos verdrängt, einer Stadt, die es nicht schafft, die Herzen derjenigen zu erobern, die nicht dort geboren

130–131 Die Ortschaften Colonnata und Torano existieren durch den Betrieb der Marmorbrüche, die sie umgeben. Eingebettet inmitten der Steine, sind sie von jeher mit der Geschichte dieser Berge verbunden, die ihre Reichtümer nur an denjenigen preisgeben, der es versteht, die Hänge weißen Goldes mit Geschick anzugehen.

131 Die Marmorbrüche beherrschen die Ortschaft Campo Cecina in den Apuanen: Steingletscher, Wunden, die vor zweitausend Jahren das Material beschert haben, mit dem ewige Kunstgeschichte erschaffen wurde.

sind. Sie orientiert sich vollkommen zum Meer hin und ist von solcher Schlichtheit, dass sie kaum einen bleibenden Eindruck hinterlässt. Die Stadt hat wenig „Toskanisches", keine Senkungen oder „anmutige Viertel", wahrscheinlich aufgrund ihrer einheitlichen Struktur und der Tatsache, dass sie für hiesige Verhältnisse relativ jung ist. Sichere Angaben über ihre Existenz führen in der Tat nicht weiter als bis ins vierzehnte Jahrhundert zurück. Damals lag dort ein winzig kleiner Fischerhafen, an dem der Hafen Porto Mediceo entstanden sein soll. Die wechselvolle Geschichte der Stadt, darunter die kurzzeitige Unterwerfung unter Genua, hatte kaum Auswirkungen, bis Livorno 1530 unter der Herrschaft der Medici zum bedeutendsten Hafen der Toskana wurde. Im siebzehnten Jahrhundert begann schließlich die demografische Ausbreitung: Die Stadt erfährt eine starke Zuwanderung, nicht nur aus dem restlichen Großherzogtum, sondern auch aus dem Ausland, nicht zuletzt, weil sie jedem die Kulturfreiheit garantierte. Eine besonders außergewöhnliche Geste, die Livorno zu einem der wenigen Orte unbeschwerten jüdischen Lebens hat werden lassen. Eine in Italien einzigartige Zeit, die bis zum Zeitalter Napoleons I. anhielt und sogar zur Entstehung einer eigenen Sprache, dem Bagito, beigetragen hat. Die große Synagoge, die einst schönste in ganz Italien, wurde leider zerstört.

Ab dem siebzehnten Jahrhundert verbreitete sich der Ruf Livornos als Stadt der Freiheit: In dieser Zeit stellte die ausländische Bevölkerung ungefähr fünfunddreißig Prozent der Einwohner. Aus diesem Grund und durch die industrielle Entwicklung entstand im neunzehnten Jahrhundert um den Hafen ein immer zahlreicher werdendes Proletariat, das den Nährboden für politische Unruhen bildete. Livorno ist die Stadt der ersten Internationalen Arbeitervereinigung, der Anarchisten Bakunins sowie des Sozialistenkongresses, auf dem 1921 die Kommunistische Partei Italiens gegründet wurde.

Schon etwas weiter entfernt, in Richtung Süden, liegt ein Abschnitt des Toskanischen Archipels, das noch teilweise zu Livorno gehört: sieben große und kleine Inseln. Es sind die versteckt liegenden Spitzen von sieben Gipfeln des Apennin, die vor Millionen von Jahren vom Festland getrennt worden waren – wenngleich eine Legende erzählt, dass sie entstanden sein sollen, als

132 oben Die Überreste von San Galgano, die inmitten von Feldern emporragen, zählen mit Sicherheit zu den eindrucksvollsten Zeugnissen der auf sienesischer Erde erhaltenen Romanik.

132 unten Die Abtei Monte Oliveto Maggiore bewahrt überragende Fresken von Luca Signorelli und Sodoma, die zu den bedeutendsten Werken der Renaissance zählen.

132–133 Dank fünf französischer Mönche, die ihr Leben dem Glauben und der Pflege des Klosters widmen, sind die gregorianischen Gesänge wieder in die Abtei Sant' Antimo in der Nähe von Montalcino zurückgekehrt.

133 unten Die großartige Abtei Monte Oliveto Maggiore wacht über die sienesische Kreidelandschaft. Sie wurde 1313 von Giovanni Tolomei gegründet. Der Jurist aus Siena mit einem ausgeprägten Interesse für Kunst und Wissenschaft entsagte weltlichem Ansehen und Reichtum, um das Leben eines Benediktinermönchs zu führen.

die Halskette der Tyrrhenischen Venus riss und dabei die einzelnen Perlen ins Meer fielen. Aus diesen edlen Perlen gingen die Inseln Elba, Gorgonia, Capraia, Pianosa, Montecristo, Giglio und Giannutri hervor. Auch Jason soll bei seinen Streifzügen mit Medea im Golf von Elba angelegt haben, wo heute Portoferraio liegt. Elba war in der Tat in längst vergangenen Zeiten vom Glück begünstigt, als Liguren und Griechen eintausend Jahre vor Christus ihre Eisenvorkommen dort abbauten. Die Römer hingegen bevorzugten die Weine aus der Gegend, auch wenn Virgil Elba als „insula inexhaustis chalybum generosa metallis" (eine Insel, edel durch ihre unerschöpfliche Eisenerzgrube) beschrieb. Eisen und „Tourismus" wechselten sich im Laufe der wirtschaftlichen und politischen Geschichte Elbas bis heute ab, wobei die historisch bedeutungsvollen dreihundert Tage der Gefangenschaft Napoleons unvergessen sind.

Abgelegener und vielleicht noch faszinierender sind die übrigen Inseln, die ganz andere Schicksale erlebten. Häufig waren sie der Zufluchtsort von Mönchen, Eremiten, Liebhabern der Stille, der Meditation und des Gebets, wie sich unschwer an den Ruinen der kleinen Klöster auf Giannutri und der herrlichen Insel Montecristo erkennen lässt. Doch es finden sich auch Festungen der unterschiedlichen Eroberer, die im Laufe der Jahrhunderte aufeinanderfolgten, von Pisa bis zu den Familien Appiano und Medici. Montecristo, auf der Alexandre Dumas seinen Protagonisten Edmond Dantès den Schatz suchen ließ, steht heute unter Naturschutz, nachdem es als privates Jagdgebiet des Königs Viktor Emanuel II. gedient hatte. Alle Inseln sind wahre Naturparadiese, von Pianosa, die verzehrende Ängste bei Galeerensträflingen auslöste, über die Vulkanfelsen von Capraia zu den sanften Stränden von Giglio, die sich mit abschüssigen Steilküsten abwechseln. Sie haben schon immer mit dem Dilemma zwischen touristischer Nutzung und dem Wunsch nach Ungestörtheit kämpfen müssen.

Zurück auf dem Festland, weit entfernt vom Meer auf der Straße nach Siena, stößt man noch einmal auf unterirdische Reichtümer: Zwischen dem Cecina- und des Ombrone-Tal erstrecken sich erzhaltige Hügel, deren Namen allesamt nach dem Heraufbeschwören höllischer Hitze klingen. Die hässlichen Bohrlöcher von Lardarello verleihen der Landschaft ein mondähnliches

134 Die charakteristischen ländlichen Wohnhäuser des Val d' Orcia befinden sich häufig im traurigen Zustand des Verfalls. Doch seit einigen Jahren sind solche Bauernhäuser bei Italienern und Ausländern, die eine Oase der Ruhe oder ein Domizil für die Ferien suchen, beliebt: Eins nach dem anderen wird gekauft und liebevoll restauriert.

135 Monteriggioni (oben) und Certaldo (unten) haben eine ähnliche Vergangenheit, beschreiten heute aber unterschiedliche Wege. Beide Orte blicken auf eine bedeutende Geschichte zurück und haben Eingang in Dantes „Göttliche Komödie" gefunden. Im Gegensatz zu Monteriggioni, das den Glanz vergangener Zeiten erhalten möchte und vom Tourismus lebt, hat sich Certaldo inzwischen zu einem industriellen Zentrum ersten Ranges entwickelt.

136–137 Capalbio ist einer der berühmtesten befestigten Orte der Toskana. Auf der Spitze eines Hügels im Herzen der Maremma gelegen, ist er bis heute von einem gut erhaltenen Mauerring umgeben. Im historischen Zentrum erhebt sich die Festung der Aldobrandeschi, die aus einem mittelalterlichen Turm und dem Palazzo Collacchioni aus der Renaissance besteht.

137 Wie aus der Luft deutlich erkennbar, hat sich die mittelalterliche Stadtmauer von Monteriggioni komplett erhalten. Das Zentrum des Ortes ist die Piazza Roma mit der kleinen Kirche Santa Maria Assunta. Im Sommer wird hier ein Mittelalterfest gefeiert.

138–139 Pitigliano liegt auf einem Tuffsteinfelsen, umringt von Schluchten. Im historischen Zentrum befindet sich die Kathedrale Santi Pietro e Paolo, die eine spätbarocke Fassade neben dem dreistufigen Glockenturm aufweist.

140–141 Sorano, in der Provinz Grosseto gelegen, beherrscht das Tal des Lente. Der kleine Ortskern ist durch mittelalterliche Turmhäuser geprägt. Links im Bild erkennt man die gewaltige Festungsanlage Fortezza Ursinea.

142–143 Auf den Hügeln, die Pitigliano umgeben, wird ein hochwertiger Weißwein angebaut. In der Vergangenheit war die Ortschaft Sitz zahlreicher jüdischer Gemeinden.

144 oben Montepulciano ist eine der charakteristischen Städte des 16. Jh. Ihr Erscheinungsbild wurde zunächst durch das Werk Antonio da Sangallos stark verändert und später durch die Architekten Michelozzo und Giacomo Barozzi da Vignola. Das Bild zeigt den Palazzo del Comune, der dem Palazzo Vecchio in Florenz ähnelt.

144 in der Mitte Die Abtei des Vallombrosa-Ordens in Passignano befindet sich in der Nähe der Ortschaft Tavernelle Val di Pesa. Der Innenraum der Kirche ist mit Werken von Alessandro Allori und Domenico Cresti geschmückt.

Aussehen. In der Antike war man überzeugt, dass der austretende heiße Dampf direkt aus den Tiefen der Unterwelt des Hades stammte. Heute verbergen die Dampftürme und die Stahlleitungen den größten Teil der Naturerscheinungen. Zum Glück gelangt man schnell in das „Adlernest in schwindelerregender Höhe", die abgeschiedene Stadt Volterra. Sie liegt etwas abseits zwischen den Hügeln, die viele Bodenschätze bergen: Kupfer, Blei, Silber und Steinsalz. Die antike Stadt Velathri war einer der zwölf Stadtstaaten der Etrusker und schon damals von Bedeutung. Von den mächtigen und gewaltigen Stadtmauern sind heute noch einige Abschnitte erhalten. Im Mittelalter wuchs die um eine Rocca, eine Feste, angelegte Stadt. Doch gerade der Bodenschätze und der strategisch günstigen Lage wegen musste Volterra an der Macht der überlegenen Nachbarstädte scheitern. Wie immer gewann Florenz die Schlacht und zeigte Volterra unverzüglich seine Präsenz mit der enormen Festung, die als Gefängnis genutzt wurde. Volterra ergab sich seinem Schicksal.

Etwas heiterer zeigt sich die Zukunft des Chianti. Die Landschaft ist Ausdruck einer natürlichen Harmonie, da es dem Menschen gelungen ist, sich perfekt einzufügen. Die sanften Hügel, überzogen von Weinbergen und Feldern mit Bauernhöfen und kleinen Ortschaften – und natürlich mit ihren Zypressen – bieten ein unverwechselbares Bild.

In der Val di Pesa pflegten schon die florentinischen Herrschaften ihre Sommerfrische zu verbringen, und in der Nähe von San Casciano, in Sant' Andrea in Percussiva, fand Machiavelli Stärkung von den politischen Aufgaben und dinierte mit den „Angesehenen" des Ortes: dem Bäcker, dem Notar, dem Müller, dem Wirt. Das Elsa-Tal mit seinen Anhöhen scheint für das Dolce Vita geschaffen zu sein.

In San Gimignano sind nur wenige der ungefähr siebzig sogenannten Geschlechtertürme erhalten geblieben, die damals die Stadt prachtvoll geschmückt haben sollen. Es war eine reiche Stadt, an der Via Francigena gelegen, in der rege Handel getrieben wurde. Trotz des Verfalls ist der Ort nach wie vor einer der schönsten, an die man sich erinnern mag, nicht nur wegen der Kunstschätze, sondern auch wegen der einzigartigen Landschaft und dem Ausblick von dort oben, auf

144 unten Auf einer Anhöhe der Ausläufer des Chianti erhebt sich das großartige Castello di Brolio. Es ist der Sitz des hoch angesehenen Weinguts Barone Ricasoli. Ein Ahn der Familie, Baron Bettino Ricasoli, entwickelte im 19. Jh. aus einer Mischung der Rebsorten Sangiovese, Trebbiano, Malvasia und Lanaiolo den beliebten Chianti-Wein.

145 Collodi ist der Geburtsort von Carlo Lorenzetti, des Autors von „Pinocchio". Im malerischen Zentrum befindet sich die barocke Villa Garzoni im lucchesischen Stil. Bemerkenswert ist ihr Garten, der Mitte des 16. Jh. vom Markgrafen Romano Garzoni begonnen und im 17. Jh. von Ottaviano Diodati vollendet wurde.

Hügel, Ortschaften und Wiesen. Hier sind es nicht nur leere Worte, wenn man sagt, die Zeit steht still. Die beiden dreieckigen Plätze, die Piazza della Cisterna und die Piazza del Duomo, sind unerlässliche Erweiterungen zwischen einem Wirrwarr von Straßen und hohen Gebäuden wie der Collegiata – dem Dom, mit Fresken von Benozzo Gozzoli, Taddeo di Bartolo und mit der „Verkündigung" von Jacopo della Quercia –, dem Palazzo del Podestà und zwei Museen, in denen Meisterwerke florentinischer und sienesischer Kunst untergebracht sind.

Die Begrüßung im Elsa-Tal kann man sich nicht beeindruckender vorstellen, aber so ist es nicht nur hier. Sehr schnell erreicht man von San Gimignano das Städtchen Colle Val d' Elsa, ein weiteres Zeugnis des Wohlstandes an der Via Francigena, jedoch mit einer anderen Bestimmung. Aus dem Mittelalter blieb nur ein Überrest erhalten, als Gegensatz zu dem „moderneren" Teil. Im Tal brachte seit dem Mittelalter ein Netz aus Bächen das Wasser zu den Woll- und Papierfabriken. Reich und stolz, ohne großes Aufheben, beugte sich Colle der Stadt Florenz, und sein Wohlstand und Reichtum an Kunstwerken wuchs kontinuierlich. Ein ganz anderes Schicksal erfuhr Monteriggioni, zwischen dem Elsa-Tal und Chianti gelegen. Zu Beginn des dreizehnten Jahrhunderts beschlossen die Sienesen, von den Herren der Staggia eine Anhöhe zu erwerben, um eine Festung zu errichten, die den mächtigen Florentinern Respekt einflößen sollte. Die Burg, für die damalige Zeit recht groß und furchteinflößend, war mit einem Mauerring umgeben und durch vierzehn Festungstürme verstärkt. Und auch heute steht sie noch Erfurcht gebietend da, abgeschieden und still, daneben eine kleine romanisch-gotische Kirche, die der Heiligen Jungfrau Maria gewidmet ist. Der Ausblick reicht über die Chiantihügel, ein wunderbarer Einklang von Natur und Menschenhand, wo sogar die Anbauflächen nach Regeln der Kunst angeordnet zu sein scheinen. Die ländlichen Wohnhäuser strahlen eine bezaubernde Einfachheit aus, und auch die Straßen sind alles andere als gerade und anonym. Die Land-

146–147 In der gesamten Toskana gibt es zahlreiche Landgüter, die von Weinbergen umgeben sind, wie dieses in der Nähe von Radda im Chianti. Sie fügen sich auf harmonische Weise in die Landschaft ein.

146 unten Den Medici gefiel dieses ruhige Landleben, und es erfreute sie insbesondere, wenn es von Festen und anregenden Unterhaltungen begleitet wurde. Die Villa in Artimino (links), Werk von Buontalenti, und die Villa in Poggio a Caiano (rechts) von Giuliano da Sangallo zählten zu den beliebtesten Landsitzen der Herren von Florenz.

147 Die Villa La Peggio in der Nähe von Grassina wurde 1569 von Francesco I. de' Medici erworben, doch es war Kardinal Francesco Maria, der Bruder des Großherzogs Cosimo III., der sie zur Kulisse für Feste und Empfänge machte, die von Dichtern der damaligen Zeit, wie Giovanni Battista Fagioli und Francesco Redi, hoch gepriesen wurden.

148–149 Die ländliche Umgebung von Arezzo ist geprägt von sanften Hügeln, Weinbergen, Olivenhainen, Wäldchen, bebauten Feldern und abgelegenen Bauernhäusern – ein wundervolles Panorama, das während der Blütezeit der Sonnenblumen in intensivem Gelb erstrahlt.

150 Die Vallombrosa-Abtei hat weit zurückliegende Wurzeln: Es war der Eremit Giovanni Gualberto, Ende des 12. Jh. heilig gesprochen, der den Orden der Vallombrosa-Benediktiner gründete. Nach wechselhaften Zeiten lebte das Kloster erst nach dem Zweiten Weltkrieg wieder auf.

151 Das Chianti-Gebiet besteht nicht nur aus Weinbergen. Hier gibt es auch inmitten von üppigem Grün verborgene Einsiedeleien und alte Landhäuser. Dieses hier befindet sich in der Nähe von Castellina, zwischen dem Pesa- und dem Staggia-Tal.

152–153 Die Balze von Volterra, durch das plötzliche Absinken des Lehmbodens entstanden, hat im Laufe der Zeit Wohnhäuser, Kirchen und Klöster verschlungen. Auch heute befinden sich viele historische Gebäude kurz vor ihrer unaufhaltsamen Zerstörung.

schaft wurde seit dem Mittelalter geprägt und passte sich dem Boden an, der sich nicht immer sanft und friedvoll zeigte. Die Balze im Volterrano und die Crete nach Siena hin weisen teilweise schroffe Formationen auf und gleichen an manchen Stellen einer Mondlandschaft. Das Chianti-Gebiet ist demzufolge nicht so einheitlich, wie man glaubt: Man könnte es als das Anbaugebiet des Chianti Classico, der in den Tälern der Arbia, der Pesa und des Greve bis zum Val d' Orcia angebaut wird, definieren. Ein verbindendes Spezifikum dieser Gegend sind die Zypressen, die die Felder säumen und die Silhouetten der Hügel unterstreichen, wie sie auf den Werken großer Maler zu sehen sind. Die Gegend um Sociville ist pittoresk, sie ist ein Zentrum vieler Kirchen, Burgen, Gässchen und Villen – man könnte ewig aufzählen: Auf den runden Hügeln der Montagnola, im Hinterland von Siena, entstanden spirituelle Orte, wie die Augustinerklausen von Lecceto und San Leonardo al Lago oder die schöne romanische Kirche Ponte allo Spino. Nur unweit entfernt stößt man noch auf eine übersteigerte Form der Romanik: In der großartigen und malerischen Klosteranlage Sant' Antimo, nur wenige Kilometer von Montalcino entfernt. Sie erscheint am Horizont am Ende eines Tals wie eine Fata Morgana, liebevoll von fünf französischen Mönchen gepflegt, die mit Eifer den gregorianischen Lebensrhythmus einhalten. Wer die Illusion einer Zeitreise erleben möchte, kann an den Riten teilhaben: Die gesungene Sonntagsmesse ist unvergesslich. Ebenso eindrucksvoll ist das Kloster San Galgano, dessen Überreste unter freiem Himmel inmitten der Felder emporragen, und die Festung Monte Oliveto, eingebettet in die Sieneser Crete, umgeben von einem dichten Mantel aus Steineichen und Zypressen. Luca Signorelli hat hier eine eindrucksvolle Erinnerung seiner Kunst hinterlassen, wie sein Werk „Sodomia". Auch das gesamte Umland ist reich an solchen Zeugnissen. Allen voran Pienza, „geboren aus einem Gedanken an Liebe und aus einem Traum von Schönheit", wie Pascoli schrieb. Papst Pius II., Enea Silvio Piccolomini, war es, der die geniale und verrückte Idee hatte, den kleinen Ort Corsignano, in dem er geboren

154 In der Nähe von Coreglia Antelminelli, einem berühmten Ferienort in der Garfagnana, befinden sich zahlreiche Dörfer, die eher der Vergangenheit anzugehören scheinen als der Gegenwart. Sie liegen eingebettet im Grün der Wälder.

154–155 Das Dorf Turrite Secca in der Garfagnana liegt an einem Flüsschen, dem Turrite. Rau und öde erscheint die Gegend im Allgemeinen, doch in den Tälern ist die Landschaft manchmal auch unerwartet sanft und grün.

155 unten Von Barga aus schweift der Blick über das üppige, mit Landhäusern übersäte Grün. Der Ort mit seinem bekannten kulturellen Angebot birgt neben anderen Schätzen ein vom italienischen Dichter Giovanni Pascoli geliebtes Haus, das ein gutes Beispiel für den Wohnstil der Bürgertums im 19. Jh. ist.

156–157 „Die Heiterkeit der Luft legte sich über alle Dinge wie Tau", schrieb Federigo Tozzi über das sienesische Land, und nichts scheint diese Stimmung trüben zu können.

158–159 Aus einem Nebelmeer erhebt sich der Glockenturm von Monte Oliveto Maggiore in der Hügellandschaft bei Siena.

160–161 Der Monte Argentario ist ein grünes Naturparadies mit steil zum Meer abfallender Felsenküste und ein exklusives Reiseziel.

160 unten links Die Befestigungsanlagen des Monte Argentario sind den Städten Pisa und Siena zu verdanken, die das strategisch bedeutende Kap vor den Sarazenen schützen wollten.

160 unten rechts Jedes Jahr am Feiertag Ferragosto wird am Hafen Porto Santo Stefano mit dem Palio Marinaro an die ruhmreiche Vergangenheit erinnert. Das Gedenken gilt Nuño Orejón, dem spanischen Gouverneur, der Mitte des 16. Jh. das Fischerdorf in einen befestigten Ort verwandelte.

161 Der Name des Hafens Porto Ercole leitet sich vom antiken Helden Herkules ab. Heute ist die geschützte Bucht eines der zauberhaftesten Ziele am Monte Argentario, der auch sonst Küsten von unübertrefflicher Schönheit besitzt.

162–163 Die Befestigungsanlagen von Portoferraio auf der Insel Elba zeugen von der Vergangenheit als Militärstandort, der von Cosimo I. de' Medici 1548 gegründet wurde. Im Hafen landen heute vor allem Touristen an.

war, in eine ideale Stadt zu verwandeln und eine Utopie der Renaissance zu kreieren. In nur drei Jahren wurde dieser Traum dank Leon Battista Alberti und Bernardo Rossellino Wirklichkeit: Die mittelalterlichen Komplexe verschwanden, und es wurde Platz für den Palazzo Piccolomini mit der Loggia zur Val d' Orcia und die Kathedrale geschaffen, deren Inneres kahl und somit frei von Ablenkungen von der perfekten Architektur ist. Wenige Kilometer weiter finden das Romanische und das Gotische weiterhin Anklang, wie in der winzigen reizvollen Ortschaft San Quirico oder in Montalcino, wo der preisgekrönte edle Wein Brunello herkommt. Der Besuch einer Weinkellerei ist ein absolutes Muss: Die Eigentümer sind immer glücklich, das Ergebnis ihrer sorgsam gepflegten, wertvollen Weinreben zum Probieren anbieten zu können. Und in den Gassen des Ortes, mit ihrem seltenen Charme, wimmelt es von Weinhandlungen. Jede Flasche, jeder Jahrgang, jedes Etikett ist eine Entdeckung.
Nur unweit von Montalcino befindet sich eine weitere kleine Überraschung: In Bagno Pignoni stellt der Hauptplatz ein Thermalschwimmbecken unter freiem Himmel dar: Lorenzo „der Prächtige" und Pius II. kamen hierher, um ihre rheumatischen Beschwerden zu kurieren. Das Dorf konnte vor einem Projekt gerettet werden, das es in eine Art Disneyland für Touristen verwandeln sollte, aber nun ist es auch, wie viele andere toskanische Ortschaften von unvergleichlicher Schönheit, davon bedroht, verlassen zu werden. Bei Montepulciano ist dies nicht der Fall. Dank seiner

strategischen Position zwischen der Republik Florenz, dem Kirchenstaat und Siena gelang es der Stadt, grundlegende künstlerische Einflüsse zu verschmelzen und wirtschaftlich und städtebaulich zu florieren und sich zu einer prächtigen Renaissancestadt zu entwickeln. Ihr Wahrzeichen ist die großartige Kapelle Madonna di San Biagio von Antonio da Sangallo dem Älteren auf einer Anhöhe. Der Legende nach soll hier im Jahre 1518 die Heilige Jungfrau zwei Kindern und einem Schäfer erschienen sein. Aber der Name Montepulciano ist auch dank des Nobile, eines der sieben italienischen DOC-Weine, so berühmt.

Von den üppigen Hügeln des Chianti-Gebietes ist der Schritt zur kargen, vom Schicksal stiefmütterlich behandelten Maremma nicht weit. Zuerst allerdings muss der Monte Amiata überquert werden, oder „Monte delle Caverne", wie er von den Römern wegen seiner porösen Gestalt und den zahlreichen Quellen genannt wurde. Abgeschieden ragt er empor: ein erloschener Vulkan, wo Ablagerungen aus der Quartär-Zeit, Kieselhüllen von Diatomeen, die Gewinnung von Fossilmehl, der sogenannten „Mondmilch", ermöglichen. Im Inneren dagegen gewinnt man Quecksilber. Das Wasser, das hervorsprudelt, speist Siena, Grosseto, den ganzen Süden der Toskana bis nach Viterbo. Ein Geschenk des Himmels für die Maremma, diese bittere Erde. Die „Hauptstadt" ist Grosseto, das ein bisschen das Aschenputtel der toskanischen Städte zu sein scheint. Sie wird sogar von dem benachbarten Massa Marittima in den Schatten gestellt. Und das trotz des prächtigen Mauerrings mit den Bastionen, ein monumentaler Komplex, der Grosseto zu dem Beinamen Piccola Lucca verhalf. Eine Ehre für eine Stadt, die in der Vergangenheit vor der Urbarmachung als so wenig anziehend galt, dass es als eine Art Strafe angesehen wurde, dort wohnen zu müssen. Vielleicht ist nicht bekannt, dass gegen Ende des vorletzten Jahrhunderts die öffentlichen Behörden der „unteren Provinz von Siena" im Sommer nach Scansano verlegt wurden. Diese sogenannte „Estatura" war eine Präventivmaßnahme, um zu verhindern, dass die Regierungsangestellten der Malaria zum Opfer fielen. Einst hatten Galeerensträflinge die Wahl, entweder in das Gefängnis Maschio di Volterra zu gehen oder in der Maremma zu arbeiten, und das Risiko einzugehen, am Sumpffieber zu sterben. Der Wiederaufbau Grossetos nach den Bombenschäden des Zweiten Weltkrieges, fiel im Laufe weniger Generationen fünfzehn Mal größer aus als die ursprüngliche Größe der Stadt. Es lohnt sich, für einen kurzen Moment anzuhalten, und sei es auch nur wegen der baulichen Überreste, die von der Abfolge unterschiedlicher Herrscher und Völker zeugen: etruskische Mauern, die romanische Basilika, die frühchristliche Kathedrale. Lohnenswert ist auch ein Spaziergang

164 Giannutri ganz im Süden des Toskanischen Archipels bewahrt die berühmten Überreste einer großen römischen Villa, die vielleicht der Familie Domitius Ahenobarbus gehörte. Auch auf dem Meeresboden machte man im klaren Wasser Funde aus römischer Zeit.

164–165 Elba ist die größte der Inseln des Toskanischen Archipels und war wegen ihrer Schönheit, ihrer herausragenden strategischen Position und ihrer natürlichen Ressourcen ein begehrter Besitz und wechselte häufig die Herrschaft. Sie gehörte im Lauf der Geschichte den Etruskern, den Griechen, den Römern und den Langobarden, bevor sie an die Republik von Pisa überging.

165 unten links Auf der Insel Giglio gedeiht eine üppige mediterrane Macchia. Die Küste besitzt felsige Abschnitte und Strände.

165 unten rechts Weit entfernt von der Küste liegen Capraia – ehemals mit einer Strafkolonie – und Gorgonia mit seinem Gefängnis in der Zitadelle. Dante äußerte sich erbost über die Herrschaft der Pisaner auf den beiden Inseln.

166–167 Die Insel Capraia ist für Geologen von größtem Interesse, denn sie besteht überwiegend aus vulkanischem Gestein mit Anhäufungen von Andesit, Tuff, Basalt und Sediment. Ihr Name leitet sich von den wilden Ziegen ab, die sie bevölkerten.

168–169 *Sie sind die Cowboys Italiens: die Butteri genannten Viehhüter. Mit ihren Pferden trieben sie die Viehherden zusammen – eine harte Arbeit, die durch das extreme Klima und durch die Gefahr, an Malaria zu erkranken, noch erschwert wurde. Die „Könige der Maremma" galten stets als raue Gesellen. Auch heute gibt es noch Butteri. Sie sind bei Dorffesten zu sehen oder wenn das Vieh mit Brandzeichen versehen wird. Und noch immer haben sie das Temperament, das zu Beginn des 20. Jh. sogar den legendären Buffalo Bill mit seiner Show in den Schatten stellte.*

170 unten Im Dickicht des Naturparks Maremma fühlt das Wildschwein sich wohl. Es teilt seinen Lebensraum in der Macchie mit den letzten Exemplaren der Wildkatze, außerdem mit Stachelschweinen, Luchsen, Füchsen und Wieseln.

durch den Grüngürtel, der in der ersten Hälfte des neunzehnten Jahrhunderts um die Stadtmauern herum angelegt wurde, er ist aber auch die Stelle der Trennung zwischen dem wenig geliebten bescheideneren Grosseto der „Estature" und dem heutigen mit riesigen Gebäuden und seiner uneinheitlichen Architektur. Sie muss ganz anders gewesen sein, die Maremma von damals. Heute ist sie Ziel eines elitären Tourismus geworden. Caparbio wurde zum Refugium für Intellektuelle und Politker. Und doch ist dies nicht das Land der Hirten und verbrannten Ebenen, sondern auch der Überreste der Etrusker: Populonia, Roselle, Vetulonia, Saturnia, um nur die bekanntesten Städte zu nennen. Und wenn die Nachlässigkeit des Menschen auch unermessliche Schäden verursacht hat, bewahren die Hügelgräber und Ädikulä, die Innenräume und das Umland dennoch ihren unendlichen Zauber. Die Städte Pitigliano und Sorano, auf Tuffstein erbaut, und vor allem Sovana mit seiner Nekropole und dem Hildebrand-Grab sind noch besonders erwähnenswert.

Man verlässt die Toskana über zwei paradiesische Naturreservate. Der Parco Naturale della Maremma, 1975 eingerichtet, erstreckt sich über ungefähr zwanzig Kilometer entlang der Küste von Tombolo bis Telamone und bietet eine optimale Gelegenheit, die ursprüngliche Maremma kennen zu lernen. Doch er ist mehr als nur eine grüne Lunge: Die alten Sichtungstürme, die Überreste des Klosters San Rabano, die Landgüter, wo die Erben der Hirten weiterhin ihr Vieh und die Pferde züchten, erzählen von einem lebendigen Territorium, wo der Mensch im Kontakt und im Einklang mit der Natur lebt.

Noch mehr Natur findet man im Naturreservat Oasi von Orbetello, eine Salzlagune, mit von mediterraner Macchie üppig überzogenen Dünen, Süßwassertümpeln und Wäldern. Hier brüten Reiher, bisweilen auch Flamingos, und man kann Nester des Bienenfressers entdecken. Bei Sonnenuntergang färben sich die Dünen rot, und zum Schlafen findet man am Argentario Zuflucht, in dem wunderschönen Dorf Porto Ercole. Eine letzte Gelegenheit, um sich von der Kunst zu verabschieden: In der Kirche, unter der Festungsanlage, liegt Caravaggio begraben. Er kam aus weiter Ferne nach einem abenteuerlichen Leben hierher, um seine letzten Tage auf dem äußersten Fleckchen der Toskana, der Heimat aller Künstler, zu verbringen.

170–171 Der Pineta di Alberese war einst ein Lehen der Stadt Siena und wurde als Lager für Salz benutzt. Erst nach der Urbarmachung wurden die Pinien und die Strandkiefern angepflanzt, die sich sehr schnell verbreiteten. Heute besteht der Wald, der vom Meer nur durch einen dünnen Sandstreifen getrennt ist, aus rund 80 000 Bäumen.

171 unten Zum Schutz der Wildtiere darf man im Naturpark Maremma die gekennzeichneten Wege nicht verlassen.

172–173 Im Mündungsgebiet des Ombrone haben sich Sümpfe erhalten, wie sie einst für die Maremma typisch waren. Früher bezeichnete man diese Gegend als Landschaft der Trauer.